앤소니 드 멜로의 마지막 명상들
사랑으로 가는 길

사랑으로 가는 길

2012년 2월 17일 초판 1쇄 발행
2023년 5월 31일 초판 5쇄 발행

펴낸곳 (주)도서출판 **삼인**

지은이 앤소니 드 멜로
옮긴이 이현주
펴낸이 신길순

등록 1996.9.16 제 25100-2012-000046호
주소 03716 서울시 서대문구 성산로 312 북산빌딩 1층
전화 (02) 322-1845
팩스 (02) 322-1846
전자우편 saminbooks@naver.com

제판 문형사
인쇄 수이북스
제책 은정제책

ISBN 978-89-6436-042-2 03200

값 10,000원

앤소니 드 멜로의 마지막 명상들
사랑으로 가는 길

앤소니 드 멜로 지음 | 이현주 옮김

삼인

머리말

 수년 전, 앤소니 드 멜로 신부 얘기를 처음 들었을 때 나는 그 말을 믿을 수 없었다. 이제 내가 하려는 이야기가 당신이 읽으려 하는 이 책에 연관되어 있다.
 내가 들은 얘기는, 토니가 60명 예수회 신부들 수련회에서 하루에 여섯 시간씩 여드레 동안 강연을 했다는 것이었다. 나는 그의 말을 지금도 기억한다. "어떤 예수회 신부도 다른 예수회 신부 강연을 하루에 여섯 시간씩 그것도 여드레 동안 귀 기울여 듣는 법이 없지요." 내가 그에게 물었다. "누가 그 수련회를 계획했소?" 몇 명의 영향력 있는 예수회 신부들이 거명되었다. 내가, 성경의 의심하는 토마스처럼, 말했다. "그렇다면 직접 만나서 그의 강연을 들어봐야 겠소."

이렇게 내 인생에 큰 영향을 미친 인물과의 여행이 시작되었다.

토니 드 멜로와 나의 첫 만남은 지금 생각해보면 차라리 싱겁게 이루어졌다. 그가 한 평신도 모임의 주말 수련회에 강사로 초청받았고 마침 나도 그 수련회에 초청을 받았던 것이다. 눈 내리는 2월, 뉴저지 새들 강변의 잊을 수 없는 주말이었다.

영성과 기도와 인생의 의미에 대한 그의 신선한 감각, 유머, 놀라운 이야기 솜씨, 그리고 그와 함께 맛보았던 해방감을 나는 잊지 못할 것이다. 그 모든 일이 너무나 인간적인 스타일로 이루어졌다. 몇 년 뒤, 3000명의 대학생들에게 위성 텔레비전으로 강연할 때에도 그의 독특한 스타일은 여전했다. 그가 말했다. "12년 전에 나는 내 인생을 뒤집어놓은 한 사건을 경험했습니다." 캘커타에서 린사이라는 이름의 인력거꾼을 만났다는 것이었다. 그는 통증이 심한 질병으로 죽어가는 몸이었고 너무나 가난해서 숨지기 전에 자기 해골을 팔아야 할 처지였지만, 그런데도 여전히 그의 내면은 신앙과 기쁨으로 충만해 있었다. 토니가 말을 계속했다. "문득, 생명을 재발견한 신비로운 성인 앞에 내가 서 있다는 사실을 깨달았습니다. 그는 살아 있었고 나는 죽어 있었지요. 그는 이번 생에서 스스로 환생한 사람a man who had reincarnated during this life이었습니다."

내가 토니를 만난 이야기와 당신이 이 책에서 읽을 내용 사이에 서로 관계가 있다고 말하는 이유는, 처음 이 글의 원고를 읽었을 때, 그의 글과 강연에 많이 익숙한 나였는데도, 이 작지만 힘 있는 '명상들'이 내가 그를 처음 만났을 때 느꼈던 바로 그 느낌을 똑같이 전해주었기 때문이다. 그냥 읽기만 하는데도 그가 던지는 영적 도전과 자극이 강하게 밀려왔다. 토니 드 멜로의 바탕에는 인생의 모든 것을 새로운 눈으로 다시 보게 하는 정직한 성품이 깔려 있다. 바로 이 정직성이 그에게 청중을 끌어들였다. 그의 은유와 이야기들, 거룩한 척하는 종교인들에게 던지는 신랄한 비판들—이 책 여기저기에서 번뜩이고 있는—은 내 인생을 처음부터 다시 보게 하였고, 나는 그것에 대하여 후회하지 않는다.

이 작은 명상들을 지니고 다니면서 틈나는 대로 들여다

보라. 그의 생각에 도전하고 그의 사상을 음미하고 그리고 침묵하라. 당신 중심에서 일어나는 자연스런 변화와 함께, "아하!" 하고 깨닫는 순간, 사랑하는 이의 눈동자를 들여다 보거나 밤하늘의 별들 또는 황홀하게 지는 해를 바라보면서 느끼는 놀라운 평화를 알 것이다. 이 영적 보석들에서 나오는 맑고 밝은 기운을 마음껏 받아 마시기 바란다. 그러기 위하여 당신에게 필요한 것은 겁 없이 열린 마음, 아이처럼 탐색하는 마음이다.

J. 프란시스 스트로드, S. J.
(뉴욕 브롱크스, 포담대학교 영성교류센터)

사랑으로 가는 길
THE WAY TO LOVE

앤소니 드 멜로의 마지막 명상들
The Last Meditations of Anthony de Mello

얻은 것과 잃은 것

사람이 온 세상을 얻는다 해도 제 목숨을 잃으면 무슨 소용이 있겠느냐? 사람의 목숨을 무엇과 바꾸겠느냐? −마태오복음 16, 26.

누가 당신을 칭찬하였을 때, 당신이 인정받고 용납되고 박수갈채를 받았을 때 어떤 느낌이었는지 회상해보십시오. 그리고 그 느낌을, 당신이 지는 해나 뜨는 해 또는 무더기로 피어 있는 들장미를 보거나 좋은 책을 읽거나 감동적인 영화를 볼 때 가졌던 느낌과 비교해보세요. 앞의 느낌은 자기를 영화롭게 하려는 마음에서 오는 것으로서 이른바 세속의 느낌이 그것입니다. 뒤의 느낌은 스스로 만족함에서 오는 영혼의 느낌이지요.

이번에는 당신이 성공했을 때, 무슨 일을 이루어냈을 때, 1등 자리에 오르고 게임이나 논쟁에서 이겼을 때 어떤 느낌이었는지 돌이켜 생각해보십시오. 그리고 그 느낌을, 지금 하는 일을 진정으로 즐기고 있을 때, 어떤 행동에 골몰하였을 때 가졌던 느낌과 비교해보세요. 다시 한 번 세속의 느낌과 영혼의 느낌이 어떻게 달랐는지 견주어보십시오.

또, 이렇게 대조해보세요. 당신에게 권력이 있을 때, 사람들이 우두머리인 당신을 떠받들고 당신 명령에 따라 움직일 때, 당신이 한참 인기를 끌고 있을 때 어떤 느낌이었는지 기억해보십시오. 그리고 그 세속의 느낌을, 잘 웃으며 화목하게 서로 사귀는 모임에서 벗들과 어울릴 때 가졌던 느낌과 비교해보세요.

이렇게 견주어보았거든, 자기를 영화롭게 하려는 마음에서 오는 이른바 세속의 느낌들이 본질상 어떤 것들인지를 성찰해보십시오. 그것들은 자연스레 생겨나는 느낌이 아니라, 당신을 조종하고 있는 사회와 문화가 만들어낸 발명품입니다. 그런 느낌들은 당신이 자연을 감상하고 친절한 벗들과 사귀고 좋아하는 일을 할 때 맛보는 행복을 만들어내지 못합니다. 그것들은 고작 스릴과 흥분 그리고 결국은 허망함을 생산할 따름이지요.

자, 이제 당신이 하루 또는 한 주간을 어떻게 살고 있는지 살펴보십시오. 당신의 행동들은 얼마나 많이, 결국은 허망함을 안겨줄 뿐인 스릴과 흥분을 바라는 마음, 주목받고 칭찬을 듣고 유명해지고 성공하고 권력을 잡으려는 욕망에 사로잡혀 있나요?

그리고 눈을 들어 당신 주변의 사람들을 보십시오. 이런 세속의 느낌들에 중독되지 않은 사람이 하나라도 있습니까? 그것들에 지배당하지 않고, 그것들에 굶주리지 않고, 의식적으로나 무의식적으로나 그것들을 추구하는 데 아까운 시간을 낭비하지 않는 사람이 하나라도 있나요? 결국 당신은 세상을 얻고자 헛되이 수고하면서 자기 영혼을 망실하는 많은 사람들을 볼 것입니다. 그렇게 그들은 공허한 삶, 영혼 없는 삶을 살고 있는 거예요.

이런 장면을 한번 상상해보십시오. 사람들을 가득 태운 관광버스가 아름다운 경치를 뚫고 달립니다. 호수와 산봉우리와 푸른 초원과 강물이 끝없이 펼쳐집니다. 그런데 승객들 가운데 누구도 버스 창밖으로 전개되는 아름다운 광경에 눈길을 주지 않는 거예요. 여행하는 동안 내내 그들의 관심은 누가 좋은 자리에 앉을 것이며 사람들의 칭찬을 듣고 인기를 끌 것인지에 쏠려 있습니다. 그렇게 서로 눈치를 보며 머리를 굴리다가 여행을 끝내고 말았답니다.

제자의 길

누구든지 나에게 올 때 자기 부모나 처자나 형제자매나 심지어 자기 자신마저 미워하지 않으면 내 제자가 될 수 없다. -루가복음 14, 26.

눈을 들어 당신과 당신 주변에서 벌어지는 불행들을 보십시오. 무엇이 그것들을 만들어내는지 아십니까? 당신은 고독이나 억압, 전쟁, 미움, 갈등, 무신론 등을 열거할지 모르겠습니다만, 틀렸어요. 불행이 빚어지는 데는 다만 한 가지 원인이 있을 뿐입니다. 당신이 당신 머리에 주입한 그릇된 믿음들beliefs이 그것이지요. 그것들이 워낙 보편화된 기본상식인지라 당신은 그것들에 대하여 의심조차 해보지 않았을 겁니다. 바로 그 잘못된 믿음들 때문에 당신은 세상과 당신 자신을 잘못 보고 있습니다. 당신 머리에 입력된 내용이 워낙 뿌리 깊은데다가 사회의 압력 또한 만만치 않아서 세상과 당신에 대한 그릇된 인식의 올무에 그대로 갇혀 있는 거예요. 당신은 당신 생각이 잘못되었다거나 당신 믿음들이 그릇되었으리라고는 전혀 의심조차 하지 않습니다. 그래서 그 올무로부터 벗어날 출구가 없는 거지요.

다시 눈을 들어 살펴보십시오, 진짜로 행복한 사람—아무 두려움 없고 불안, 염려, 긴장, 걱정 등에서 자유로운 사람—이 하나라도 있는지. 수만 명 가운데서 한 사람만 찾을 수 있어도 당신은 행운아입니다. 그렇게 되면 당신은 당신 머릿속에 입력된 생각과 믿음들을 의심할 수 있게 될 것입니다. 하지만 당신은 당신이 속한 전통, 문화, 사회, 종교가 당신 머리에 심어놓은 가설들을 의심하거나 검토하기는커녕 그것들을 무조건 신뢰하도록 세뇌되었습니다. 게다가 당신이 불행한 탓을 당신 머리에 들어있는 생각이나 믿음들에 돌리는 대신 자신을 꾸짖고 견책하도록 오랜 세월 훈련받았지요. 사정을 더욱 고약하게 만드는 것은 대부분 사람들이, 자기가 꿈꾸는 줄 모르면서 꿈꾸는 사람처럼, 자기가 얼마나 불행한지를 스스로 자각조차 못할 정도로 세뇌되었다는 사실입니다.

당신을 행복에 접근하지 못하도록 가로막는 '그릇된 믿음들'이란 무엇일까요? 몇 가지 예를 들어보겠습니다.

첫째, 당신은 당신에게 너무나도 소중해서 꽉 움켜잡고 있는 그것들이 없으면 행복할 수가 없다고 생각합니다. 아니에요, 그렇지 않습니다. 당신은 행복하기 위해서 필요한 모든 것을 소유하지 않은 적이 단 한 순간도 없습니다. 조금만 생각해보세요. 당신이 지금 행복하지 못한 이유는 당신한테 있는 것을 보지 않고 당신한테 없는 것을 보고 있기 때문입니다.

다음으로, 당신은 행복이 미래에 있다고 생각하지요. 아닙니다, 틀렸어요. 바로 지금 여기에서 당신은 충분히 행복합니다. 다만, 당신의 그릇된 믿음들과 잘못된 생각들이 당신을 불안, 염려, 집착, 갈등, 죄의식 따위에 가두어놓은 까닭에 그래서 자기가 행복하다는 사실을 모르고 있는 거예요. 이 사실을 꿰뚫어볼 때 당신은, 당신이 언제나 행복한 사람이었고 그것을 여태 모르고 살았다는 깜짝 놀랄 만한 진실에 눈을 뜰 것입니다.

또, 당신은 당신이 처한 상황이나 주변 사람들이 바뀌면 행복할 것이라고 생각하지요. 그렇지 않습니다. 어리석게도 당신은 세상을 바꿔보려고 참 많은 힘을 들이며 애쓰고 있군요. 세상을 바꾸는 것이 당신 평생의 사명이라면, 좋습니다, 어서 가서 그렇게 하세요. 하지만 그렇게 해서 당신이 행복해질 것이라는 헛된 생각에는 닻을 내리지 마십시오. 당신을 행복하게 하거나 불행하게 하는 것은 세상도 아니고 주변 사람들도 아니고 당신 머리에 담긴 생각입니다. 당신 바깥에서 행복을 찾는 것은 해저海底에서 독수리 둥지를 찾는 것과 다를 게 없어요. 그러니 당신이 얻고자 하는 것이 행복이라면, 당신 대머리에 털이 나게 하거나 매력적인 육체를 가꾸거나 당신의 거처, 직장, 직업, 생활 방식, 심지어 당신의 성격조차도 그것들을 바꾸려고 애쓰지 마십시오. 당신이 그것들을 모두 바꾸고 그래서 우아한 용모와 고상한 인품과 즐겁기만 한 주변 환경을 가지게 된다 하여도 여전히 불행할 수 있다는 사실을 정말 모르십니까? 그런 줄 알면서도 당신을 행복하게 해줄 수 없는 것들을 손에 넣으려고 헛되이 정력을 낭비하며 그렇게 수고하는 까닭이 무엇인지요?

당신의 잘못된 믿음이 또 있습니다. 욕망이 모두 채워지면 행복할 것이라고 당신은 생각하지요? 아닙니다. 그렇지 않아요. 사실인즉, 바로 그 욕망과 집착이 당신을 긴장하게 하고 낙심하게 하고 불안하게 하고 두렵게 만드는 것입니다. 당신 속에 있는 욕망과 집착들의 목록을 나열해놓고서 그것들 하나하나에 대고 이렇게 말해보십시오. "나는 내가 너를 손에 넣어도 여전히 행복하지 못하리라는 것을 알고 있다." 물론 욕망이 채워지면 누구나 한 순간 쾌감과 흥분을 느낄 것입니다. 그러나 그 순간은 번개처럼 지나가고 말지요. 그것을 행복으로 착각하지 마십시오.

그러면 무엇이 행복일까요? 행복이 무엇인지를 아는 사람이 아주 드물게 있긴 하지만 그러나 그들 가운데 누구도 당신에게 행복은 이런 것이라고 설명할 수 없을 것입니다. 행복이란 사람의 말로 서술될 수 있는 게 아니거든요. 태어날 때부터 앞을 보지 못하는 사람에게 빛을 설명해줄 수 있겠습니까? 지금 꿈꾸고 있는 사람에게 현실을 묘사해줄 수 있겠어요? 당신이 어둠 속에 있음을 알아차리십시오. 그러면 어둠이 사라집니다. 그때 당신은 빛을 알게 될 것입니다. 당신이 악몽nightmare을 꾸고 있음을 알아차리세요. 그러면 악몽은 끝나고 당신은 현실에 깨어날 것입니다. 당신의 그릇된 믿음들을 알아차리십시오. 그것들이 떨어져 나가고 마침내 당신은 행복을 맛볼 것입니다.

사람들은 그토록 행복을 갈망하면서 어째서 자신의 그릇된 믿음들을 알아차리려 하지 않는 걸까요? 그 이유는 첫째, 그것들이 그릇되었다고 보지 않으며 그것들을 자신의 생각 또는 믿음으로 보지 않기 때문입니다. 그것들은 그들에게 너무나도 분명한 사실이요 현실이지요. 그렇게만 보도록 단단히 세뇌되어 있는 겁니다. 둘째, 사람들이 자기가 아는 유일한 세계, 즉 욕망, 집착, 두려움, 억압, 긴장, 야심, 걱정, 죄의식, 순간의 쾌락과 위안과 흥분 따위로 이루어진 세계를 잃을까봐 겁에 질려 있기 때문입니다. 지독한 악몽을 꾸고 있으면서, 그것이 자기가 알고 있는 유일한 세계인 까닭에, 그 꿈을 깰까봐 전전긍긍하는 모습들을 상상해보십시오. 그들 가운데 당신도 보이고 당신이 아는 다른 사람들도 보일 것입니다.

영원히 지속되는 행복을 얻고자 한다면 당신은 아버지와 어머니에 당신 자신까지 미워하고, 당신이 가진 모든 것을 버릴 준비가 되어 있어야 합니다. 어떻게요? 그 방법을 물으십니까? 그것들을 포기하거나 내버리는 방식은 아닙니다. 당신이 무엇을 힘써서 버리면 그만큼 더 그것에 붙잡히기 때문이지요. 그냥 그것들이 당신의 꿈인 줄 알면 됩니다. 그러면 그것들이 당신한테 있든 없든 더 이상 당신을 움켜잡지 못하고 따라서 당신을 해칠 수도 없게 될 거예요. 마침내 당신은 꿈에서 깨어나 당신의 어둠, 당신의 두려움, 당신의 불행에서 벗어날 것입니다.

그러니 따로 시간을 내어, 당신이 집착하고 있는 것들의 정체를 꿰뚫어 보고 당신에게 흥분과 쾌감을 안겨주면서 동시에 걱정, 근심, 불안, 긴장, 두려움, 불행으로 몰아넣는 당신의 악몽을 알아차리도록 힘쓰십시오.

아버지와 어머니? 꿈입니다. 아내와 아이들과 형제와 누이들? 꿈이에요. 당신이 가진 것들? 모두 꿈입니다. 지금 살고 있는 당신의 일생? 꿈이라고요. 당신이 붙잡고 있는 것들? 그것 없으면 행복할 수 없다고 생각되는 것들? 죄다 꿈이올시다. 그것들 모두가 꿈임을 깨달았을 때 당신은 더 이상 그것들에 집착하지 않게 되고 따라서 더 이상 그것들로 인해 상처 입지 않게 될 것입니다. 마침내 당신은 사람의 말로 설명되지 않는 행복과 평화의 신비를 경험하게 될 것이고, 그리하여 형제와 누이들과 아버지, 어머니, 자식들, 토지와 집……에 더 이상 집착하지 않게 된 사람이 그것들을 100배로 얻고 거기에다가 영생까지 얻는다는 말이 무슨 말인지를 알 것입니다.

왼뺨마저 돌려대고

누가 오른뺨을 치거든 왼뺨마저 돌려대고 또 재판에 걸어 속옷을 가지려고 하거든 겉옷까지도 내주어라. 누가 억지로 오 리를 가자고 하거든 십 리를 같이 가주어라. -마태오복음 5, 40-41

당신이 생각하고 말하는 바를 자세히 살펴보면 당신 머릿속에, 세상이 어떻게 돌아가야 하고 당신은 어떻게 처신해야 하며 일이 어떻게 되기를 바라는지에 관한 프로그램이 총체적으로 입력되어 있는 게 보일 것입니다.

누가 그 프로그램에 책임이 있는 걸까요? 당신은 아닙니다. 당신으로 하여금 그렇게 바라고 욕망하고 기대하도록 만든 것은 당신이 아니에요. 당신의 가치관, 당신의 입맛, 당신의 태도를 결정지은 것은 당신 컴퓨터에 그것들을 입력시킨 당신의 부모, 사회, 문화, 종교, 지난날의 경험들입니다. 당신 나이가 얼마나 되었든, 어디를 가든, 그 컴퓨터는 항상 당신을 따라다니며 매 순간마다 당신과 당신 주변 사람들에게 이리하라고 저리하면 안 된다고 명령을 내릴 것입니다. 그래서 명령이 이행되면 컴퓨터는 당신에게 평안과 행복을 맛보게 하겠지만, 만일 명령이 충족되지 않으면, 그게 당신 탓이 아니라 해도, 좋지 못한 감정을 유발하여 당신을 슬프고 화나게 만들 것입니다.

예를 들어, 어떤 사람이 당신 컴퓨터가 기대한 대로 움직여주지 않을 때 그 사실은 당신을 좌절이나 분노 또는 환멸 따위로 괴로워하게 만들지요. 그런가 하면 일이 당신 뜻대로 되지 않거나 앞날이 확실하게 전망되지 않을 경우, 당신 컴퓨터는 당신에게 불안, 긴장, 걱정을 잔뜩 안겨줍니다. 그러면 당신은 그 좋지 않은 감정들을 추스르느라고 많은 에너지를 써야겠지요. 나아가 당신 컴퓨터의 명령을 충족시키기 위하여 주변 세계를 바꾸는 데 더 많은 에너지를 쏟아 붓는 겁니다. 그러다가 당신이 바라는 대로 주변 세계가 바뀌면 얼마쯤 외상外上 평화를 맛보기도 하겠지요. 외상이라는 말을 쓴 것은 언제 무슨 변수가 (예컨대, 기차의 연착이나 작동하지 않는 녹음기 또는 우편물 배달 사고 등) 생길지 알 수 없고, 그런 변수가 일어나는 순간 당신 컴퓨터가 당신을 화나게 만들 것이 밤에 불 보듯 뻔하기 때문입니다.

그렇게 당신은 주변 상황이나 사람들이 당신 컴퓨터의 명령을 따르게 하려고 필사적으로 노력하며 아등바등 살아가지요. 그러다가 당신 컴퓨터의 명령에 어긋나는 것이 제거되면 잠깐 동안 행복감에 젖어 안도의 한숨을 쉬는 겁니다.

여기서 벗어나는 길은 없을까요? 물론 있지요. 하지만 당신 컴퓨터에 입력된 프로그램을 모두 한꺼번에 바꿔버릴 수는 없을 거예요. 사실 그럴 필요도 없습니다. 그러지 말고 이렇게 해보십시오.

당신이 함께 있으면 불편해서 될수록 피하고 싶은 사람과 어쩔 수 없이 함께 있다고 상상해봅시다. 자, 이제 당신 컴퓨터가 어떻게 작동하는지, 얼마나 자동으로 당신에게 그 상황을 피하거나 상대방을 바꿔보라고 명령하는지, 잘 지켜보십시오. 그래도 당신이 상황을 피하거나 상대방을 바꿔보려고 하지 않은 채 계속 그 자리에 머물러 있으면 이번에는 컴퓨터가 당신에게 얼마나 자동으로 불편함이나 분노나 죄의식이나 다른 나쁜 감정들을 안겨주는지 살펴보세요. 당신에게 그런 감정을 느끼게 한 것이 그 상황이나 그 사람이 아니라는 사실을 깨달을 때까지, 계속해서 불편한 상황이나 사람을 지켜보는 겁니다.

사실 그 사람은 자기 생긴 대로 자기 길을 가고 있는 거예요. 옳든 그르든, 좋든 나쁘든, 자기 일을 자기 방식으로 하는 겁니다. 그러고 있는 그에게 좋지 못한 감정을 품게 하는 것은 당신 컴퓨터에 입력되어 있는 프로그램입니다. 당신과 다른 컴퓨터를 가진 사람이 똑같은 상황, 똑같은 사람 앞에서 당신과 전혀 다른 반응을 보이고, 화를 내기는커녕 오히려 행복한 얼굴을 하고 있는 것을 보면 이 사실을 좀더 잘 이해할 수 있겠지요. 이 진실을 깨칠 때까지 멈추지 마십시오. 당신이 어떤 상황이나 사람들 앞에서 마음의 평안을 지키지 못하고 화를 내거나 낙담을 하는 유일한 까닭은, 그런 상황에서 그렇게 반응하도록 프로그램이 입력되어 있는 당신 컴퓨터에 있습니다. 이 사실을 계속 지켜보면 어느새 당신 안에서 일어나는 놀라운 변화를 보게 될 것입니다.

일단 이 진실을 알고 나면 나쁜 감정을 내라고 부추기는 당신 컴퓨터를 끌 수 있게 되고, 그러면 자연스럽게 적절하다고 생각되는 다른 행동을 할 수 있겠지요. 그 사람을 피하거나 상황을 바꾸려고 시도하거나, 다른 사람의 권리를 존중하면서 당신의 권리를 주장하거나, 경우에 따라서는 힘을 사용할 수도 있을 것입니다. 하지만, 당신의 성난 감정이 모두 소멸된 다음에 그러는 것이니만치 당신의 행동은, 당신 컴퓨터를 만족시키려는 욕망이나 좋지 않은 감정을 토해내려는 동기가 아니라, 고요한 평화와 사랑에서 나오는 것이 되겠지요.

그때 비로소 당신은 "누가 오른뺨을 치거든 왼뺨마저 돌려대고 또 재판에 걸어 속옷을 가지려고 하거든 겉옷까지도 내주어라. 누가 억지로 5리를 가자고 하거든 10리를 같이 가주어라"고 하신 주님의 말씀에 얼마나 깊은 지혜가 담겨 있는지를 이해할 것입니다. 왜냐하면 당신을 진정으로 억누르는 힘이, 당신에게 억지로 일을 시키는 권력자들이나 법으로 당신 물건을 차압하는 자들에게서가 아니라 상황이 원하는 대로 돌아가지 않을 때 마음의 평화를 깨뜨리도록 프로그램이 입력된 당신 컴퓨터에서 나오는 것임을 알고 있기 때문입니다. 강제수용소의 억압적인 분위기에서도 행복을 맛본 사람들이 있었음을 기억하십시오! 당신이 벗어나야 할 곳은 당신 컴퓨터의 프로그램이에요. 그때 비로소 당신은 당신의 프로그램이나 에고가 아닌 현실에 뿌리 내리고 사회의 악에 저항하여 분명한 행동을 할 수 있는 내면의 자유를 경험할 것입니다.

근심하며 떠나갔다

그러나 그 사람은 재산이 많았기 때문에 이 말씀을 듣고 울상이 되어 근심하며 떠나갔다. -마르코복음 10, 22

당신은 행복해지고 싶어서 이런저런 노력을 해보지만 결국 뜻대로 되지 않는 현실을 이상하게 여긴 적이 없습니까? 마치 수학 공식을 컴퓨터에 입력했는데 출력해보니 셰익스피어의 시가 나오는 것과 같지 않던가요?

당신이 정말 행복해지고 싶다면 먼저 해야 할 일은 노력도 아니고 선한 의지와 간절한 열망을 품는 것도 아니고, 당신 머리가 어떻게 생각하도록 세뇌되어 있는지, 당신 머리에 어떤 프로그램이 입력되어 있는지, 그것을 정확하게 이해하는 것입니다.

아마도 당신이 속해 있는 사회와 문화가, 어떤 사람 또는 사물이 없으면 행복할 수 없다고 생각하도록 당신을 가르쳤을 겁니다. 주변을 둘러보세요. 사람들이 어떤 대상—돈, 권력, 성공, 칭찬, 명망, 사랑, 우정, 영성, 하느님 등—이 없으면 행복할 수 없다는 분명한 신념 아래 자기네 인생을 설계하고 살아가지 않습니까? 당신이 선택한 대상은 어떤 것인지요?

일단 이런 신념에 사로잡히면 당신은 그것 없이 행복할 수 없다고 여겨지는 사람이나 사물에 자동으로 집착하게 됩니다. 그리하여 그것을 손에 넣으려고 애를 쓰고 손에 넣으면 꼭 움켜잡고 이번에는 잃지 않으려고 가능한 모든 방법을 동원하지요. 결국 당신은 당신이 선택한 대상에 오로지 의존하게 되고, 그리하여 당신이 집착하고 있는 사람이나 사물이, 당신으로 하여금, 그것을 얻었을 때 기뻐하게 하고 그것을 잃을까봐 근심하다가 그것을 잃었을 때 비통에 잠기도록 만드는 것입니다.

지금 당장 멈추고, 당신이 스스로 갇혀 있는 집착의 끝도 없는 목록을 훑어보십시오. 그냥 추상적으로 생각하지 말고 구체적인 물건이나 사람들을 생각해보세요.

일단 무엇에 집착하면 어떻게 해서든지 그것을 손에 넣고 계속 간직하기 위하여 당신은 모든 방법을 강구합니다. 그러느라고 인생을 맛있게 즐기는 일이 유보되거나 제한되어도 상관없지요. 하지만 그것은 당신 맘대로 돌아가지 않게끔 되어 있는 이 세상에서 원천적으로 불가능한 일입니다. 그러니 안전한 세상에서 흡족한 인생을 창조하기는커녕 언제 어디서나 좌절, 걱정, 근심, 불안, 긴장, 위협을 느끼며 전전긍긍할 수밖에요.

물론 세상이 당신 뜻대로 돌아갈 때도 있고 원하던 바가 이루어질 때도 있고 노력이 결실을 맺을 때도 있겠지요. 그러면 당신은 잠시 행복해질 것입니다. 그러나 곧 상황이 역전되어 원치 않는 일이 벌어지거나 손에 넣은 것을 빼앗기거나 잃어버리지 않을까 염려하고 걱정하게 되고, 그런 일은 조만간 닥치게 마련입니다.

함께 생각해봅시다. 당신이 근심하고 불안할 때마다 그 이유는 당신이 붙잡고 있는 것을 잃거나 빼앗길 수 있기 때문입니다. 당신이 잔뜩 집착하고 있는 것을 누군가 훌쩍 던져버릴 때 그에게 질투심이 일지 않습니까? 당신이 무엇을 잡으려고 할 때 중간에서 누가 방해를 하면 당신은 자동으로 화가 나지요. 안 그래요? 당신의 집착이 위협을 받을 때 몸이 굳어지면서 객관적으로 생각할 수도 없고 상황 인식도 바르게 되지 않습니다. 맞지요? 그것 없이는 행복할 수 없다고 생각되는 것을 충분히 공급받지 못할 때마다 당신은 맥이 빠지고 삶 자체가 귀찮아집니다. 그렇지 않아요? 당신이 경험하는 거의 모든 좋지 않은 감정이 바로 당신의 집착에서 나오는 것입니다.

그렇게 당신은 다른 누구도 아닌 바로 당신의 집착에 짓눌려 있으면서, 그 무거운 짐을 꼭 움켜잡음으로써 행복해지려고 온갖 애를 다 쓰고 있는 거예요. 얼마나 우스꽝스런 모습입니까? 그런데 비극은, 거의 모든 사람이 바로 이 방법으로 행복을 잡을 수 있다고 배우며 자랐다는 사실입니다. 가져다주는 것이라고는 고작 끝없는 염려와 좌절과 슬픔뿐인 그 방법을 말이에요. "참으로 행복하기 위하여 너에게 필요한 유일한 일은 이것이다. 입력된 프로그램을 해체하고 get deprogrammed 모든 집착을 놓아버려라." 이런 가르침을 받고 자란 사람은 아마도 거의 없을 거예요.

이런 말을 들을 때마다 사람들은 잡고 있는 것을 잃음으로 맛보게 될 아픔을 생각하고 두려움에 떨지요. 하지만 그게 전혀 그렇지 않습니다. 당신의 집착을 놓아버리는 방식이, 놓아야 한다는 의지의 실천이나 무엇을 억지로 버리는 것이 아니라 진실에 눈 뜨는 '깨달음'일 경우, 그 과정은 오히려 즐겁기만 하지요. 당신이 해야 할 유일한 일은 눈을 떠서 지금 당신이 집착하고 있는 대상이 없어도 충분히 행복할 수 있다는 진실을 밝히 보는 것입니다. 이것 없이는, 이 사람 없이는 행복하게 살 수 없다는 생각으로 당신 머리가 세뇌되어 있음을 알아차리는 거예요.

지난날에 당신은, 그것 없이 살 수 없을 것 같던 사람이나 물건을 잃은 적이 없나요? 회고해보십시오. 분명 그런 일을 한두 번쯤 당했을 겁니다. 그런데 어떻게 됐지요? 세월이 흘렀고 당신은 다시 멀쩡해졌습니다. 안 그런가요? 그러니까 당신은 그것 없이 살 수 없을 것이라는 가짜 프로그램에 속았던 것입니다.

집착은 현실이 아니라 생각이에요. 입력된 프로그램을 통해서 당신 머리에 잠재되어 있는 환상입니다. 만일 그 환상이 머릿속에 없다면 당신은 결코 집착하지 않을 거예요. 어떤 사물이나 사람에 집착할 때보다 그것들에서 놓여날 때 당신은 오히려 그것들을 옹글게 즐기며 사랑할 수 있는 것입니다. 사실 말이지, 그보다 더 대상을 즐길 다른 방법이 있나요?

그러니 이제 당신이 집착하고 있는 것들을 앞에 떠올리며, 그 사람 또는 사물을 향해 말하십시오. "나는 그동안 너 없이 행복할 수 없다는 잘못된 생각에 갇혀 있었다. 이제는 그러지 않겠다. 정말이지 더 이상 너한테 매달리거나 너를 움켜잡으려 하지 않을 것이다. 너 없으면 행복할 수 없다는 잘못된 생각에 더는 속지 않겠다."

그럼 이제 진심으로 하는 이 한마디가 당신 안에 어떤 변화를 가져다주는지, 잘 살펴보십시오.

바늘귀

제자가 스승 만해지고 종이 주인 만해지면 그것으로 넉넉하다. 집 주인을 가리켜 베엘제불이라고 부른 사람들이 그 집 식구들에게야 무슨 욕인들 못하겠느냐? -마태오복음 10, 25

행복을 얻기 위하여 당신은 무엇을 할 수 있을까요? 행복하기 위하여 당신이 할 수 있는 일은 아무것도 없습니다. 왜냐고요? 당신은 지금 여기서 충분히 행복하니까요. 이미 가지고 있는 것을 어떻게 얻을 수 있단 말입니까? 그게 그렇다면, 어째서 당신은 이미 가지고 있는 행복을 누리지 못하는 걸까요? 그 까닭은, 당신 마음이 온갖 불행을 시도 때도 없이 만들어내고 있기 때문입니다. 당신 마음이 만들어낸 불행을 떨쳐버리십시오. 그러면 언제나 당신의 것인 행복이 기다렸다는 듯 표면에 떠오를 것입니다.

사람이 어떻게 불행을 떨쳐버릴 수 있을까요? 무엇이 불행을 일으키는지 그 원인을 찾아내어 냉정하게 바라보는 겁니다. 그러면 자동으로 떨어져나갈 거예요.

조심스럽게 자세히 들여다보면 당신의 불행에는 한 가지, 오직 한 가지 원인이 있음을 알 것입니다. 집착attachment이 바로 그것이에요. 집착이란 무엇입니까? 어떤 사람 또는 어떤 물건이 없으면 행복할 수 없다는 믿음으로 그 대상에 달라붙는 감정 상태를 말합니다. 이 달라붙는 감정 상태는 두 가지 요소로 이루어지는데, 하나는 적극적이고 하나는 소극적이지요. 적극적 요소는 당신이 집착하는 것을 손에 넣었을 때 느끼는 순간적인 쾌락과 흥분이고, 소극적 요소는 집착이 있는 곳에 늘 따라 다니는 위협과 긴장입니다.

포로수용소에서 게걸스럽게 음식을 먹고 있는 사람을 상상해보십시오. 한 손으로 음식을 입에 가져가면서 다른 손으로는 누가 자기 음식에 손을 댈까봐 경계를 합니다. 당신은 그에게서 집착하는 사람의 완벽한 모습을 봅니다. 그렇게 집착은 당신을 어지러운 감정에 휩쓸리기 쉬운 사람으로 만들고 언제나 당신의 평화를 위협하지요. 그러니 어떻게 집착하는 사람이 하느님 나라라고 불리는 행복의 바다에 들어가기를 기대할 수 있겠습니까? 차라리 낙타가 바늘귀로 빠져나가기를 기대할 일이올시다!

집착의 비극은 그 대상을 손에 넣지 못할 때 불행을 맛보게 된다는 점입니다. 하지만 그것을 손에 넣어도 행복을 가져다주지는 못하고, 금방 싫증이 나버릴 순간의 쾌락을 안겨줄 따름이지요. 그리고 이어지는 것은 언제나, 움켜잡은 그것을 잃을까봐 근심하는 불안한 마음입니다.

당신은 이렇게 말하고 싶겠지요. "하나쯤 지니고 있어도 되지 않나요?" 물론입니다. 하나뿐 아니라 얼마든지 원하는 대로 가질 수 있어요. 그러나 당신이 움켜잡고 있는 것마다에 잃어버린 행복이라는 값을 지불하셔야 합니다.

생각해보십시오. 집착이란 본디 그런 거예요. 당신이 하루 동안에 많은 것을 손에 넣어 만족했다 하더라도 그 가운데 하나를 잃으면 그렇게 해서 채워지지 못한 집착이 당신 마음을 가로채어 불행에 빠뜨리지요. 집착과 싸워서 이길 방법은 없습니다. 불행 없는 집착을 찾느니 물기 없는 물을 찾는 게 나을 것입니다. 여태까지 갈등, 염려, 불안 그리고 패배를 경험하지 않고서 자신의 집착을 유지한 사람은 아무도 없었습니다.

집착과 싸워서 이기는 데 방법이 아주 없는 건 아닙니다. 한 가지 방법이 있는데, 그걸 놓아버리는 겁니다. 사람들이 생각하는 것과는 반대로, 집착을 놓아버리는 일은 쉽습니다. 당신이 해야 할 일은 그냥 보는 거예요. 하지만 건성으로 봐서는 안 되고, 다음의 진실을 똑바로 봐야 합니다.

첫째 진실. 당신은 지금 이 사람 또는 이 물건이 없으면 행복할 수 없으리라는 그릇된 신념에 사로잡혀 있습니다. 당신이 집착하고 있는 것들을 하나씩 살펴보고 그 신념의 거짓됨을 알아차리십시오. 아마도 가슴으로부터 반발이 느껴질 것입니다. 그러나 당신이 진실을 알아차리는 바로 그 순간, 집착은 힘을 잃고 마음은 평정을 얻게 됩니다.

둘째 진실. 당신이 사물이나 사건을 있는 그대로 즐기며 그것에 붙잡히기를 거절하면, 다시 말해서 그것들 없이는 행복할 수 없으리라는 그릇된 신념을 놓아버리면, 그것들을 지키고 유지하려는 헛된 긴장과 갈등이 풀어질 것입니다. 당신은 이제 아무 걱정 없이 불안도 없이 당신 눈앞에 있는 사물이나 사건을 있는 그대로 받아들임으로써, 그것들 가운데 어느 하나도 포기하거나 거절하지 않고서 전보다 더욱 잘 즐길 수 있게 됩니다.

 셋째 그리고 마지막 진실. 당신이 수천 송이 꽃들의 향기를 즐기는 방법을 터득하면 그 가운데 하나에 매달리거나 그 가운데 하나를 얻지 못한다 하여 괴로워지는 않을 것입니다. 아끼는 접시들이 1000개쯤 된다면 그중 하나를 깨뜨렸다 하여 크게 상처 입지는 않을 거예요. 당신으로 하여금 더 많은 사물들, 더 많은 사람들을 만나 그들과 즐겁고 행복한 관계를 가지지 못하도록 가로막는 것은 바로 그중 하나에 대한 당신의 집착입니다.

 이 세 가지 진실의 빛 아래에서는 집착이 살아남을 수 없습니다. 하지만 그 빛은 언제 어디서나 꺼지지 말아야 해요. 집착은 미망未忘의 어둠 속에서만 활약합니다. 부자가 기쁨의 왕국에 들어갈 수 없는 것은 그의 심성이 고약해서가 아니라 그가 스스로 눈이 멀기를 선택했기 때문입니다.

정처 없는 사람

여우도 굴이 있고 하늘의 새도 보금자리가 있지만 사람의 아들은 머리 둘 곳조차 없다. -마태오복음 8, 20

대부분 사람들이 다른 사람들과 관계를 맺으며 살아가는데, 한 가지 실수를 저지르고 있습니다. 끊임없이 바뀌며 흘러가는 인생살이 중간에 견고한 안식처를 만들려고 하는 거예요. 당신은 그에게서 사랑을 받고 싶은 그런 사람이 있습니까? 그에게 특별한 존재가 되고 싶나요? 그의 인생에 무슨 변화를 가져다줄 그런 존재가 되고 싶은 겁니까? 그 사람이 당신을 특별한 관심으로 봐주기를 바라나요?

그렇다면 눈을 크게 뜨고 보십시오. 당신은 지금 다른 누군가에게, 자기를 위하여 당신을 예약해두고, 자기 이익을 위하여 당신을 제한하고, 자기 취향에 맞도록 당신의 행동과 성장과 발전을 통제하게 하는 어리석은 실수를 저지르고 있는 겁니다. 그건 그 사람이 당신에게 이렇게 말하는 것과 같지요. "그대가 나에게 특별한 존재가 되고 싶다면 내 기대들을 충족시켜주어야 한다. 내 기대에 어긋나는 순간, 그대는 나에게 특별한 존재일 수 없으니까."

그래도 당신은 누군가에게 특별한 존재이기를 갈망합니다. 안 그런가요? 그런즉 당신은 당신의 자유를 대가로 지불해야 합니다. 어떤 사람이 당신에게 특별한 존재가 되고 싶어 한다면, 당신은 그에게 당신 가락에 맞추어 춤을 추라고 요구하겠지요. 마찬가지로 당신도 누군가에게 특별한 존재가 되려면 그의 가락에 맞추어 춤을 추어야 합니다.

잠시 숨을 돌리고, 얻는 것도 별반 없는데 그토록 비싼 값을 치를 것인지 자신에게 물어보십시오. 특별한 사랑을 받고 싶은 사람이 있나요? 그에게 이렇게 말하는 당신을 상상해보세요. "나 자신으로 살게 나를 놓아주시오. 내 머리로 생각하고 내 입맛대로 먹고 내 성향을 따르고 나 좋을 대로 행동하도록 나를 놓아달란 말이오." 이렇게 말하는 순간, 당신은 불가능한 것을 요구하고 있다는 느낌이 들 것입니다.

어떤 사람에게 특별한 존재이기를 요구하는 것은 그를 즐겁게 할 임무에 당신을 묶어놓는 것을 의미합니다. 당신의 자유를 스스로 잃어버리는 거지요. 이 사실을 알아야 합니다.

이제 당신은 이렇게 말할 수 있을는지 모르겠네요. "그대 사랑을 얻기보다 내 자유를 누리겠소." 감옥에 짝과 함께 있겠느냐, 아니면 혼자 들판을 산책하겠느냐, 둘 가운데 하나를 택하라고 한다면 당신은 어느 쪽을 택하겠습니까? 이제 그에게 말하십시오. "그대 자신으로 살도록 그대를 놓아주겠소. 그대 머리로 생각하고 그대 입맛대로 먹고 그대 성향을 따르고 그대 좋을 대로 행동하도록 그대를 놓아주겠단 말이오."

이렇게 말하는 순간 당신은 아래 두 가지 중 하나를 겪을 것입니다. 당신 가슴이 이 말에 저항하면서, 상대에 집착하여 상대를 이용하고 있는 당신을 드러내는 것이 그 하나지요. 이때야말로, 어떤 사람 없이는 살 수도 없고 행복할 수도 없다는 당신의 착각을 알아차릴 기회입니다. 다른 하나는, 당신이 그렇게 말하는 것과 동시에 당신 가슴이 진심으로 동의하면서 상대를 향한 모든 통제, 조작, 소유욕, 질투와 상대를 이용하려는 마음이 사라지는 겁니다. "그대 자신으로 살도록 그대를 놓아주겠다. 그대 머리로 생각하고 그대 입맛대로 먹고 그대 성향을 따르고 그대 좋을 대로 행동하도록 그대를 놓아주겠단 말이다."

아울러 당신은 다른 일도 겪게 될 터인데, 상대가 당신에게 중요하고 특별한 존재가 되기를 자동으로 그치는 것입니다. 그가 중요하고 특별한 존재가 아니라는 말이 아니에요. 다만, 황혼에 지는 해나 교향악이 그 자체로 아름답듯이 그렇게 아름답고, 한 그루 나무가 당신에게 열매와 그늘을 제공해서가 아니라 존재 자체로서 특별하고 중요하듯이 그렇게 특별하고 중요하다는 말입니다. 그럴 때 당신이 사랑하는 사람은 저 해와 나무처럼 당신의 소유물이 아니라 모든 이의 소유 또는 그 누구의 소유도 아닌 존재가 되는 겁니다. 이 말을 다시 한 번 해보세요. "그대 자신으로 살도록 그대를 놓아주겠소. 그대 머리로 생각하고 그대 입맛대로 먹고 그대 성향을 따르고 그대 좋을 대로 행동하도록 그대를 놓아주겠단 말이오."

이렇게 말하면서 당신은 당신 자신을 자유롭게 풀어놓았습니다. 이제 비로소 당신은 사랑할 준비가 되었군요. 당신이 누군가를 잡을 때, 당신이 그에게 주는 것은 사랑이 아니라 당신과 그를 함께 묶어놓는 사슬입니다. 참으로 사랑할 줄 아는 사람은 자기가 사랑하는 이를 묶어놓지도 않거니와 사랑하는 이에게 묶이지도 않습니다. 사랑은 자유 안에서만 이루어질 수 있는 것이거든요.

가난한 자들을 데려오라

어서 동네로 가서 한길과 골목을 다니며 가난한 사람, 불구자, 소경, 절름발이들을 이리로 데려오너라. -루가복음 14, 21

보기만 해도 기분이 나빠서 될 수 있으면 피하고 싶은 그런 사람이 있나요? 있거든 그 사람을 맘속으로 당신 앞에 세우고, 당신 안에 일어나는 나쁜 감정들을 자세히 살펴보세요. 당신은 지금, 가난하고 절름거리고 눈멀고 귀먹은 어떤 사람을 앞에 두고 있는 겁니다.

자, 당신의 초대를 받아 한길과 골목을 헤매던 천박한 인간이 당신 집에 들어왔어요. 이제 당신의 부유하고 매력적인 친구들은 결코 줄 수 없는 선물을 그가 줄 것입니다. 그가 당신의 감추어진 모습과 인간의 본성을 드러내어 보여 줄 것이란 말이올시다. 그가 보여주는 당신 모습은, 성경에서 찾아볼 수 있는 그 어떤 계시보다 값진 계시입니다. 당신이 어떤 사람인지를 스스로 모르고 그래서 로봇처럼 산다면, 성경 말씀을 뚜르르 왼다 한들 그게 다 무슨 소용이 겠습니까? 그 기분 나쁜 인간이 당신에게 보여주는 계시는 마침내 모든 중생이 들어올 수 있을 만큼 넓은 공간이 마련될 때까지 당신 가슴을 열어 줄 것입니다. 이보다 더 값진 선물이 있을까요?

그럼 이제, 기분이 상해 있는 당신을 바라보며 이렇게 물어보십시오. "내가 상황을 다루고 있는가? 아니면 상황이 나를 다루고 있는가?" 이것이 첫 번째 계시입니다. 이어서 두 번째 계시가 오는데, 당신이 상황을 다루는 게 아니라 상황이 당신을 다룬다는 게 그것입니다. 어떻게 하면 사람이 상황을 다루는 경지에 들 수 있을까요? 당신이 먼저 해야 할 일은, 당신을 기분 상하게 하는 사람 앞에서 아무렇지도 않은 사람들이 있다는 엄연한 사실을 인정하는 것입니다. 그들은 당신처럼 상황에 휘둘리지 않고 오히려 상황을 다루고 있는 거예요. 그러므로 당신의 나쁜 감정들은, 당신이 잘못 생각하고 있는 것처럼, 그 사람으로 말미암은 게 아니라 당신의 세뇌된 생각에서 나오는 것입니다. 이것이 세 번째이자 가장 중요한 계시예요. 이를 이해하고 받아들였을 때 당신한테 어떤 변화가 일어나는지 살펴보십시오.

당신 자신에 관한 계시를 보았으니 이제 인간의 본성에 관한 계시를 볼 차례입니다. 당신을 기분 상하게 만든 어떤 인간의 행동이나 흔적에 당사자의 책임이 없다는 사실을 아십니까? 당신은 그 사람이 깨어 있어서 자유로운 사람이고 그래서 자기 언행에 책임을 질 만한 사람이라고 생각할 때에만 그에게 좋지 않은 감정을 품을 수 있는 거예요. 하지만 깨어 있는 사람이 어떻게 나쁜 짓을 할 수 있겠어요? 어떤 사람이 악을 행하거나 악한 사람이 되는 것은 그가 뭐든지 할 수 있는 자유로운 사람이라서가 아니라 병든 사람이기 때문입니다. 그에게 깨어 있는 의식과 감각이 결핍되어 있다는 증거니까요. 참으로 자유로운 사람은, 하느님이 죄를 지을 수 없듯이, 죄를 지을 수가 없는 것입니다.

지금 당신 앞에 있는 사람은 앉은뱅이라 걷지 못하고 눈이 멀어 보지 못하고 귀가 먹어 듣지 못하는 사람이지, 당신이 잘못 생각하고 있듯이, 심보가 고약하고 악독한 사람이 아니에요. 이 진실을 이해하고, 깊게 응시하십시오. 그러면 당신의 나쁜 감정들이 부드러운 자비심으로 바뀌면서 문득, 당신과 다른 사람들에 의하여 길거리로 내몰렸던 사람이 들어와 쉴 수 있는 공간이 당신 안에 마련되어 있는 것을 볼 것입니다.

이제 당신은 그 기분 나쁜 인간이 당신에게 줄 참 좋은 선물을 가지고 당신 집에 왔다는 사실, 그 사람 덕분에 당신 가슴이 자비심으로 활짝 열리고 더욱 자유롭게 해방되었다는 사실을 알게 되었습니다. 전에는 상대방에 의하여 휘둘리던 당신이 (그의 언행이 당신을 기분 나쁘게 했다면 그것은 당신이 그에게 조종당했다는 뜻입니다) 이제는 자유를 선물로 받아 어떤 사람이 무슨 짓을 해도 그를 피하여 다른 곳으로 도망가지 않아도 됩니다. 그럴 때 당신은 당신 기분을 상하게 하던 그 사람에게 오히려 연민의 정과 함께 감사의 정을 느끼겠지요. 게다가, 수영을 배우고자 하는 사람이 물 있는 곳을 찾듯이, 걷지 못하고 보지 못하고 듣지 못하는 사람들이 있는 곳을 찾아가고 싶다는, 전에는 상상조차 못했던 새로운 마음이 솟아날 것입니다. 보기만 해도 기분 상하고 나쁜 감정에 사로잡히던 사람들과 함께 있을 때마다 더욱 넓게 확장되는 자비심과 창공의 자유를 당신한테서 느끼게 될 테니까요. 그리하여 당신은, 스승의 명령에 순종하여, 한길로 골목으로 나아가 가난한 자들과 앉은뱅이들과 소경과 귀머거리를 데려오는 자신을 문득 발견할 것입니다.

못 보는 사람은 보게 하고

내가 세상에 온 것은 보는 사람과 못 보는 사람을 가려, 못 보는 사람은 보게 하고 보는 사람은 눈멀게 하려는 것이다.
-요한복음 9, 39

사랑은 눈이 멀었다고들 말합니다. 정말 그럴까요? 실제로는 이 땅에서 사랑만큼 눈이 밝은 게 없습니다. 눈이 먼 것은 사랑이 아니라 집착이에요. 당신의 행복을 위하여 어떤 물건 또는 어떤 사람이 꼭 있어야 한다는 거짓 믿음으로 무엇엔가 매달려 있는 것이 바로 집착입니다. 그것 없이는 당신이 행복할 수 없다고 생각되는 사람이나 사물이 있습니까? 그것들이 어떻게 당신 눈을 멀게 하는지 알아보기 전에 우선 그 목록을 만들어보십시오.

권력을 장악하지 않고서는 행복할 수 없으리라고 스스로 확신하는 정치인이 여기 있습니다. 집권욕에 사로잡힌 그는 생의 다른 부분에서 거의 무감각 상태입니다. 가족이나 친구들을 위하여 그들과 함께 시간을 보낸다는 건 생각조차 하기 힘들지요. 세상 모든 사람들이 그의 야망 충족에 대한 지지자 아니면 방해꾼 둘 가운데 하나로만 보입니다. 자기를 지지하거나 반대하지 않는 사람들한테는 관심도 없지요. 권력을 잡겠다는 욕심에다가 섹스나 돈 같은 다른 것에 대한 집착까지 보태어지면 이 불쌍한 인간은 거의 눈에 보이는 것이 없어서 맹인이나 다름없는 신세가 되고 맙니다. 게다가 그 사실을 모두 알고 있는데 자기만 모르지요. 사람들이 메시아를 거절하고 진眞과 선善과 미美를 배척하는 것은 눈이 멀어서 그것들을 보지 못하기 때문입니다.

당신이 지금 오케스트라의 연주를 듣는데 드럼 소리가 너무 커서 다른 악기들 소리가 들리지 않는다고 생각해봅시다. 심포니를 즐기려면 당신은 오케스트라의 모든 악기들이 내는 소리를 들어야 해요. 이른바 사랑을 경험하려면 당신 주변의 모든 사물과 사람들이 지니고 있는 독특함과 아름다움에 민감해야 합니다. 눈에 띄지도 않는 것을 무슨 수로 사랑하겠습니까? 다른 것들은 배척하고 몇 가지만 주목한다면 그건 사랑이 아닙니다. 사랑은 그 누구도 그 무엇도 배척하지 않으니까요. 그것은 삶의 전체를 껴안습니다. 오케스트라의 한 가지 또는 몇 가지 악기 소리만 듣는 게 아니라 모든 악기의 소리를 옹글게 듣는 거예요.

잠시 걸음을 멈추고, 권력에 집착하는 정치가나 돈에 매달리는 사업가들이 인생의 멜로디에 무감각한 것 못지않게 당신도 무엇인가에 집착하여 인생 심포니에 메말라 있지 않은지 살펴보십시오. 아니면 다른 각도에서 이렇게 생각해봅시다. 세계는 당신 몸의 감각기관들을 통해서 엄청나게 많은 정보를 끊임없이 당신 몸 안으로 흘려보내고 있습니다. 그런데 그 많은 정보들 가운데 지극히 적은 부분을 당신은 인식하고 있는 거예요. 대통령 집무실에 들어오는 엄청난 정보들 가운데 아주 적은 정보들만이 본인에게 전달되는 것과 비슷합니다. 몇 개의 작은 파편들만이 최종적으로 당신을 만나는 거지요. 대통령 집무실에는 쏟아져 들어오는 정보를 걸러내어 그 가운데 몇 개를 대통령에게 전달하고 나머지 대부분은 버리는 일을 맡아서 하는 사람이 있습니다. 이 세상으로부터 당신 안으로 쏟아져 들어오는 엄청난 정보들 가운데 어떤 것은 걸러내어 뇌에 전달하고 나머지는 버리는 일을 누가 어떻게 결정하지요? 당신에게는 세 가지 여과 장치가 있는데, 첫째는 당신의 집착, 둘째는 당신의 신념beliefs, 셋째는 당신의 두려움입니다.

당신의 집착: 당신이 집착하는 것들을 유발하거나 위협하는 것에 눈길을 모으고 다른 것들은 쳐다보지도 않습니다. 욕심 사나운 장사꾼이 돈 되는 일 아니면 관심도 없듯이, 당신도 집착하고 있는 대상이 아닌 것들에는 흥미가 없는 거예요. 당신의 신념: 자기와 믿음이 같은 사람들하고만 어울리고 자기 믿음을 위협하는 사람들을 배척하는 광신자가 주변에 있나요? 그를 잘 보면, 사람의 신념이 본인에게 무슨 짓을 하는지 알 수 있을 것입니다. 당신의 두려움: 당신이 일주일 안에 형이 집행될 것을 알게 된 사형수라면 아마 다른 어떤 것에도 마음을 모을 수 없을 거예요. 그게 두려움이 하는 일입니다. 두려움은 당신으로 하여금 한 가지 또는 몇 가지에만 신경을 쓰고 다른 모든 것을 배척하게 만들지요.

당신의 두려움이 당신을 지켜주고, 당신의 신념이 당신을 당신으로 존재하게 하고, 당신의 집착이 당신의 인생을 든든하게 해주며 고무시켜준다고, 당신은 지금 잘못 생각하고 있습니다. 그것들이 실제로는 당신과 인생 심포니 사이를 가로막는 막幕, screen이라는 사실을 보지 못한 거예요.

물론, 인생 심포니의 모든 소리를 빼놓지 않고 듣는 건 불가능한 일입니다. 하지만 정신에 장애가 덜어지고 감각이 열리면 열리는 그만큼 당신은 사물을 있는 그대로 볼 수 있고 현실을 있는 그대로 받아들여 우주의 화음에 넋을 잃을 것입니다. 그러면 당신은 하느님이 누구신지 알겠지요, 마침내 사랑이 무엇인지를 알 테니까요.

당신은 사람이나 사물을 있는 그대로 보지 않고 당신이 보고 싶은 대로 봅니다. 그들을 있는 그대로 보려면 먼저 당신의 집착과 그것이 만들어낸 두려움을 눈여겨보아야 해요. 당신이 세상을 볼 때 어떤 것은 보이고 나머지 다른 것들은 보이지 않도록 그것들이 중간에서 걸러내기 때문입니다. 보이는 대상이 가려지니까 당신 주변의 사물이나 사람들을 제대로 알아보지 못하는 거예요. 이렇게 일그러진 눈으로 살면 살수록 그만큼 당신은, 집착과 두려움이 걸러낸 정보들만 보게 되고 따라서 당신이 알고 있는 것만이 유일한 세계라고 착각하는 겁니다. 요지부동의 굳어진 눈으로,

끊임없이 바뀌고 움직이는 현실을 보는 거지요. 그러기에 당신이 사랑하며 살아가는 현실은 더 이상 진정한 현실이 아니라 당신이 생각으로 만들어낸 가짜 현실인 것입니다.

 세계와 당신 자신에게 눈멀고 귀먹은 사람이 되지 않으려면 당신의 신념과 두려움과 그것들을 먹여 기르는 당신의 집착을 먼저 놓아야 합니다. 그게 유일한 길이에요.

다가온 하늘나라

회개하라. 하늘나라가 다가왔다. -마태오복음 4, 17

아무리 채널을 돌려도 한 방송밖에 잡히지 않는 라디오가 당신에게 있습니다. 음량도 조절되지 않아서 소리를 크게 할 수도 없고 작게 할 수도 없어요. 어떨 때는 들릴까 말까 아주 작은 소리를 내고, 어떨 때는 고막이 찢어질 정도로 큰 소리를 냅니다. 게다가 당신은 그 라디오를 꺼버릴 수도 없습니다. 때로는 느릿느릿 소리를 내다가 잠을 자거나 휴식을 취하려고 하면 갑자기 시끄럽게 소란을 피우지요. 그 누가 이런 라디오를 곁에 두고 살 수 있겠습니까? 그런데요. 당신 마음heart이 꼭 그렇게 제멋대로 구는데도 당신은 그것을 꺼버리기는커녕 오히려 정상이라고, 인간적이라고 하는군요.

당신 감정에 사로잡혀 어쩔 줄 몰라 하던 때를 돌이켜보십시오. 그때마다 당신은 분노, 절망, 근심 따위에 휘둘려 괴로웠어요. 그런데 그 괴로움이란, 당신 마음이 지금 없는 것을 가지려고 했거나 지금 있는 것을 잃어버리지 않으려고 했거나 아니면 원하지 않는 무엇을 피하려고 했기 때문에 맛봐야 했던 것들입니다.

당신이 어떤 사람을 사랑하게 됐는데 그가 당신을 거절하면, 당신의 몸과 마음은 온통 거절당한 사랑에 쏠리고 인생의 꽃다발은 곧장 잿더미로 바뀌고 말지요. 당신은 지금 선거전에 뛰어 들었고 이기느냐 지느냐 아슬아슬한 마당인데 새들의 노랫소리가 귀에 들리겠습니까? 당신은 지금 죽을병에 걸렸거나 사랑하는 사람을 잃었어요. 그러니 무슨 일을 해도 손에 잡히지 않는 겁니다. 한마디로, 당신이 무엇에 집착을 하는 순간 인간의 마음이라고 불리는 이 사랑스런 장치가 부서지는 거예요.

라디오를 수리하려면 먼저 라디오의 기계 작용(메카닉

스)을 공부해야 하듯이, 당신 마음을 개조하려면 마음을 해방시키는 네 가지 진실에 대하여 진지하게 생각해야 합니다. 그러나 먼저, 당신을 괴롭히는 몇 가지 집착들, 당신이 매달리고 있는 어떤 것 또는 당신을 겁주는 무엇이나 당신이 갈망하고 있는 무엇을 선택하여 그것을 염두에 두고서 아래 열거하는 네 가지 진실에 귀를 기울이십시오.

첫째 진실: 당신은 당신의 집착과 행복 가운데 하나를 선택해야 합니다. 그 둘을 함께 가질 수는 없어요. 당신이 집착을 선택하는 순간 당신 마음은 건강한 상태를 잃고, 기쁘게 태평하게 살아갈 당신의 능력은 망가집니다. 앞에서 당신이 선택한 집착을 적용시켜보면 당장 그것이 그러함을 알 수 있을 것입니다.

둘째 진실: 당신의 집착이 어디에서 왔나요? 당신은 그것을 가지고 태어나지 않았습니다. 그것은 당신이 속한 사회와 문화가 당신에게 들려준 거짓말, 당신이 당신에게 들려준 거짓말, 이것저것 없이는, 이 사람 저 사람 없이는 행복할 수 없다는 거짓말에서 온 것입니다. 당신이 그것 없이는 살 수 없고 그 사람 없이는 행복할 수 없다고 생각하는 바로 그것과 그 사람이 없어도 완벽하게 행복한 사람들이

얼마든지 있습니다. 그러니 이제 선택하십시오. 당신의 집착을 원합니까? 아니면 행복과 자유를 원합니까?

셋째 진실: 완전하게 살기를 원한다면 당신은 모든 것을 길게 내다보는 관점을 갖추어야 합니다. 인생이란 당신이 지금 붙잡고 있는 사소한 일들에 견주어, 무한히 큰 무엇이에요. 하찮은 일들? 예, 그렇습니다. 당신이 살아갈 크고 오랜 인생에 견주면 모두가 하찮은 것들이지요. 그것들 가운데 거의 모두가 아마 기억에도 남아 있지 않을 거예요. 당신은 이 사실을 경험으로 알고 있지 않습니까?

이상 세 가지 진실은 결국, 당신을 행복하게 만들거나 불행하게 만들 힘을 가진 무엇이 당신 바깥에 있지 않다는 피할 수 없는 결론인 넷째 진실로 당신을 데려갑니다. 당신이 그런 줄 알든 모르든 상관없이, 당신의 행복과 불행을 결정하는 것은 오직 당신이고, 어떤 상황에서든 집착을 선택할 것인지 그것을 버릴 것인지를 결정하는 것도 당신입니다.

이상의 진실들을 생각할 때 어쩌면 그것들을 거부하거나 이의를 달거나 아예 생각 자체를 피하려 하는 당신 마음이 보일 것입니다. 그것은 당신이 아직 당신의 이상한 라디오를 손봐야겠다고 절실하게 생각할 만큼, 집착에서 오는 고통을 충분히 맛보지 못했다는 신호입니다. 아니면, 당신 마음이 이 진실들에 아무 저항도 하지 않을 수 있어요. 정말 그렇다면 좋은 소식입니다. 기뻐하십시오. 마음을 개조하는 회심이 이미 시작되었고, 하느님 나라—천하태평인 아이들의 나라—가 당신 손닿는 곳에 이르렀으니, 한 발 내딛어 그 나라에 들어갈 일만 남았습니다.

내가 무엇을 해야?

한번은 어떤 사람이 예수께 와서 "선생님, 제가 무슨 선한 일을 해야 영원한 생명을 얻겠습니까?" 하고 물었다. -마태오복음 19, 16

콘서트홀에서 달콤한 선율에 잠겨 있는데 갑자기 자동차 문을 잠그지 않은 게 생각납니다. 당신은 자동차가 걱정되지만 일어나서 홀 밖으로 나갈 수도 없고 그렇다고 태연하게 앉아서 음악을 즐길 수도 없습니다. 대부분 사람들의 살아가는 모양이 정확하게 이와 같습니다.

들을 귀 있는 사람에게 인생은 심포니입니다. 그러나 음악을 즐겨 듣는 사람이 참으로 희귀한 세상이군요. 왜 그럴까요? 사람들이 스스로 세뇌시켜 머릿속에 넣어둔 소음들을 듣느라고 너무 바쁘기 때문이지요. 그리고 다른 훼방꾼이 하나 있는데 '집착'이 그것입니다. 집착은 생명을 죽이는 가장 무서운 적이에요. 심포니를 제대로 들으려면 오케스트라의 모든 악기들이 내는 소리에 귀를 기울여야 합니다. 드럼 소리만 골라서 듣겠다는 사람은 심포니를 제대로 감상할 수 없을 거예요. 드럼 소리가 다른 악기들 소리를 지워버릴 테니까요. 물론 드럼이나 바이올린이나 피아노 소리를 특별히 좋아할 수 있습니다. 상관없어요. 어떤 악기를 다른 악기보다 좀더 좋아한다고 해서 다른 악기들 소리가 들리지 않을 만큼 심한 장애가 되지는 않으니까요. 하지만 '선호'가 '집착'으로 바뀌면 상황은 달라집니다. 다른 악기들 소리가 갑자기 듣기 싫어지면서 결국 심포니 감상은 물 건너간 셈이 되고 말거든요.

당신이 붙잡고 있는 사람이나 사물이 있는지 살펴보십시오. 당신의 행복과 불행을 몽땅 내어맡긴 사람이나 사물이 있습니까? 다른 사람이나 다른 물건은 눈에 들어오지 않을 만큼 그 사람 또는 그 물건에 당신의 신경이 온통 쏠려 있나요? 그 사람과 그 물건이 당신한테 있기에 세상의 나머지 부분은 별로 중요하지 않게 여겨집니까? 그렇다면 당신의 집착은 고질痼疾이 되었네요. 당신이 잡고 있는 그 사람 또는 그 물건 때문에 당신의 생각이 얼마나 한 쪽으로 기울어져 있는지, 당신의 눈이 얼마나 멀어 있는지, 그것을 용감하게 바로 보십시오.

그것이 보일 때 당신은 모든 집착에서 벗어나고 싶은 열망을 품을 것입니다. 문제는 그 방법(어떻게?)이에요. 버리기와 피하기는 도움이 되지 않습니다. 드럼을 치워도 당신은 드럼 소리만 듣겠다고 고집할 때와 똑같이 굳어져 있고 무뎌져 있을 테니까요. 당신에게 필요한 것은 버리기renunciation가 아니라 깨어나기awareness입니다. 당신의 집착이 당신에게 고통과 슬픔을 안겨주었다면 바로 그것이 당신을 깨어나도록 도울 수 있습니다. 그동안 살면서 어느 것도 집착하지 않는 데서 오는 진정한 기쁨과 자유를 한 번이라도 맛본 경험이 있다면 그것도 도움이 될 것입니다. 오케스트라의 다른 악기들이 내는 소리를 귀 기울여 들어보는 것도 도움이 되겠지요. 하지만 당신이 드럼 소리에만 집착하여 오케스트라의 다른 소리를 듣지 못할 때 겪는 상실의 아픔에 깨어나는 것을 대신할 만한 것은 없습니다.

문득 깨어나서 드럼에 대한 집착을 떨쳐버리는 그날, 당신은 더 이상 친구에게, "네가 나를 행복하게 해준다."고 말하지 않을 것입니다. 그렇게 말하면 친구로 하여금 계속해서 당신을 기쁘게 해줘야겠다는 마음을 먹도록 그의 에고를 부추길 뿐 아니라, 당신의 행복이 친구에 의존되어 있다는 착각을 더욱 굳어지게 할 테니까요. 오히려 당신은 이렇게 말할 것입니다. "너와 내가 만날 때 행복이 솟아나는구나!" 그 말 한마디로 행복은 당신과 당신 친구의 오염에서 벗어나게 됩니다.

당신도 당신 친구도 서로의 행복을 보장할 수 없는 존재들이에요. 이 엄연한 사실은 당신네 두 사람을 서로에게 집착하지 않도록 도와주고 아울러 둘이 함께 겪는 경험에도 집착하지 않게 해주면서, 둘의 만남에서 울려나오는 행복한 심포니를 즐길 수 있게 해주지요. 당신은 감정의 찌꺼기를 남겨 두지 않은 채 다음 장면, 다음 사람, 다음 일로 옮겨갈 수 있게 됩니다. 그러면서 다음 상황으로, 그 다음 상황으로 이어지는 인생 심포니의 다른 멜로디를 맘껏 즐기게 되는 거예요.

이제 당신은 순간에서 순간으로 온전한 '지금 여기'를 살게 되었고, 과거의 짐을 거의 지고 있지 않기에 바늘귀를 넉넉히 빠져나갈 수 있게 되었습니다. 공중의 새들처럼 들의 꽃들처럼 이제 당신은 내일에 대한 걱정을 거의 하지 않을 것입니다. 더 이상 어떤 사람이나 사물에 집착하지 않고, 인생 심포니의 맛을 충분히 즐기며 몸과 마음과 영혼과 힘을 다하여 당신의 인생을 사랑할 것입니다.

드디어 당신은 언제나 어디서나 '영원한 지금'the Eternal Now을 살며 공중의 새처럼 자유롭게 거침없이 여행하는 자신을 볼 것이고, "제가 무슨 선한 일을 해야 영원한 생명을 얻겠습니까?"에 대한 답을 당신 가슴에서 찾을 수 있게 되었습니다.

다 무너지고 말 것이다

예수께서 성전을 나와 얼마쯤 걸어 가셨을 때 제자들이 곁으로 다가 와서 성전 건물들을 가리키며 보시라고 하였다. 그러자 예수께서는 "저 모든 건물을 잘 보아 두어라. 나는 분명히 말한다. 저 돌들이 어느 하나도 제 자리에 그대로 얹혀 있지 못하고 다 무너지고 말 것이다." 하고 말씀하셨다. －마태오복음 24, 1-2

온몸이 지방질로 덮여 있는 뚱보를 생각해보십시오. 당신 마음이 꼭 그 모양으로 될 수가 있습니다. 온통 두터운 기름기로 덮여 있어서, 생각하고 보고 탐색하고 발견하는 일에 둔하기 짝이 없습니다. 신선함이나 민첩함이나 유연성은 찾아볼 수도 없고 틈만 나면 자려고만 하지요. 주변을 둘러보세요. 그런 사람이 뜻밖에 많을 겁니다. 멍청하고, 졸리고, 두꺼운 지방층으로 덮여 있어서 좀처럼 외부의 자극을 받지도 않고 잠든 상태에서 깨어나려는 생각조차 없는 사람들.

무엇이 이 두꺼운 층일까요? 당신이 붙잡고 있는 모든 신념, 사물과 사람에 대하여 당신이 내린 모든 결론, 당신의 모든 습관과 집착이 그것입니다. 당신은 성장기에 이런 층들을 벗겨내고 당신 마음과 생각을 자유롭게 할 수 있도록 도움을 받았어야 해요. 하지만 오히려 당신이 속한 사회와 문화는, 그런 것들을 눈여겨보지도 말고, 그 방면의 정치가들이나 종교지도자들 같은 전문가들이 많이 있으니 생각일랑 그들에게 맡기고 너는 잠이나 자라고 부추겼지요. 그렇게 해서 당신은 검증되지도 않고 질문이 허용되지도 않는 권위와 전통의 무거운 짐을 지게 된 것입니다.

이 층들을 하나씩 검사해봅시다. 우선, 당신의 신념들 beliefs입니다. 당신이 만일 공산주의자나 자본주의자로, 무슬림이나 유대인으로 인생을 경험한다면, 지금 당신은 편향되고 기울어진 방식으로 인생을 경험하고 있는 겁니다. 당신이 현실을 있는 그대로 곧장 보거나 만지려고 하지 않기 때문에 당신과 현실 사이를 두꺼운 지방질 장벽이 가로막고 있는 거예요.

두 번째 층은 당신의 관념들ideas입니다. 어떤 사람에 대한 당신의 생각을 고집한다면, 당신이 사랑하는 것은 그 사람이 아니라 그 사람에 대한 당신의 생각이에요. 당신은 그의 언행을 살펴보고 그에게 찌지를 붙여주지요. 그 여자 멍청해, 그 남자 거칠어, 그 여자 애교가 만점이야, 등등. 그렇게 해서 그 사람과 당신 사이에 지방질 휘장을 드리우고, 다음에 그를 만났을 때에는, 그동안에 그가 완전히 다른 사람으로 바뀌었어도, 그에게 당신이 붙여놓은 찌지를 통해서 그를 대하는 것입니다. 당신이 알고 있는 거의 모든 사람을 이런 식으로 만나고 있는 당신을 관찰하십시오.

세 번째 층은 당신의 습관habits이에요. 사람의 몸이라는 게 습관덩어리라고 할 수 있을 만큼, 습관은 뿌리가 깊습니다. 습관 아니면 우리는 걸을 수도 없고 말할 수도 없고 자동차를 운전할 수도 없어요. 하지만 습관은 기술적인 영역에 국한할 것이지, 사랑하거나 애지중지할 것은 결코 아닙니다. 습관으로 사랑받기를 누가 원하겠어요? 당신은 해변에 앉아서 끝없이 밀려오는 파도를 바라보며 바다의 장엄과 신비에 빠져들어 본 적이 있나요? 어부들은 날마다 바다를 보지만 그 장엄한 모습에 좀처럼 감탄하지 않습니다. 왜일까요? 습관이라는 이름의 두꺼운 지방질 층 때문이지요. 당신은 당신이 보는 모든 사물에 대하여 고정관념을 지니고 있고, 그것들을 만날 때마다 새롭게 바뀐 모습을 보는 대신 여전히 흐릿하고 두껍고 지루한 당신의 고정관념에 덮여 있는 모습을 봅니다. 그게 습관이라는 거예요. 이렇게 당신은 습관이 만들어 놓은 늘 그렇고 조금도 신선하지 않고 새롭지도 않고 지루하기만 하고 그러다 보니 지겹기까지 한 모습의 사람과 사물들에 둘러싸여 고단하고 맥 빠진 인생을 살아가고 있는 겁니다. 당신이 다른 사람들을 좀더 창조적인 눈으로 새롭게 바라볼 수 없는 이유는 세상과 사람들을 대하는 당신의 태도가 습관으로 굳어져 있기 때문이에요. 그렇게 당신 마음을 자동조종장치에 맡겨 놓고 잠을 자는 거지요.

네 번째 층은 당신의 집착과 두려움입니다. 이 층은 알아보기가 아주 쉬워요. 집착과 두려움의 두꺼운 코팅을 사물이나 사람한테 씌워 놓으면 그 순간 그 사람과 사물의 참모습은 보이지 않습니다. 당신이 싫어하거나 두렵거나 집착하고 있는 사람을 마음으로 떠올려보십시오. 그러면 그게 그렇다는 사실을 알게 될 것입니다.

이제 당신이 어떻게, 당신이 속한 사회와 문화의 신조와 전통, 당신의 경험에서 나온 관념과 편견, 집착과 두려움이 만든 감옥에 갇혀 있는지 알겠습니까? 벽과 벽이 당신의 감방을 겹으로 에워싸고 있어서, 그것을 깨뜨리고 나와 감옥 울타리 바깥에 있는 생명과 사랑과 자유의 신선한 공기를 마신다는 것은 거의 불가능해보입니다. 하지만, 그렇지 않아요! 불가능하기는커녕, 오히려 아주 쉽고 즐거운 일이올시다! 당신의 감옥을 부수고 나오려면 무엇을 어떻게 해야 할까요? 네 가지를 당신은 해야 하고 할 수 있습니다.

첫째, 당신이 지금 감옥에 갇힌 몸으로 잠자고 있다는 사실을 아십시오. 사실 대부분 사람들은 자기가 감옥에서 잠들어 있다는 사실을 모르고 있어요. 그래서 평생을 수감자收監者로 살다가 죽습니다. 한 걸음 나아가, 감옥에 갇힌 삶이 몸에 익어서 감옥 자체를 옹호하고 지키다가 숨을 거두기도 하지요. 소수의 사람들이 개혁자가 되어 감옥 시설을 좀더 밝고 쾌적하게 만들고자 투쟁합니다. 감옥 문을 열고 벽을 무너뜨리는 혁명적 반항아가 나타나는 일은 아주 드문 경우지요. 먼저 당신을 가둔 감옥의 벽을 볼 때 비로소 당신은 혁명가가 될 수 있습니다.

둘째, 당신을 가둔 벽들을 묵상하세요. 당신의 굳어진 생각들과 버릇들, 당신의 집착과 두려움을 성찰하되, 아무 판단도 비난도 없이 그냥 보기만 하십시오. 그러면 그것들이 스스로 무너지고 부서질 것입니다.

셋째, 시간을 따로 좀 내어 당신 주변의 사물들과 사람들을 관찰하십시오. 친구의 얼굴, 나뭇잎, 나뭇가지, 나뭇가지 위의 새를 생전 처음 보는 것처럼 그렇게 보세요. 주변 사람들의 습관이나 행동도 처음 보는 것처럼 보십시오. 진심으로, 그냥, 보세요. 그러다 보면 그들에 대한 당신의 편견이나 고정관념 없이 그 모습을 있는 그대로 볼 수 있게 될 겁니다.

넷째, 고요히 앉아 당신 마음이 어떻게 움직이는지를 바라보십시오. 이것이 가장 중요한 단계입니다. 거기에는 끊임없이 흐르는 생각들, 느낌들, 반응들이 있습니다. 그 모든 것을 오래도록, 마치 한 편의 영화를 보듯이, 그렇게 관찰하세요. 당신은 이내 그것이 어떤 영화보다도 강력하게 당신을 빨아들이고 있음을 발견할 것입니다. 그리고 거기에서 오는 넘치는 활기와 자유를 맛보게 될 거예요. 다른 건 관두고, 자기가 무슨 생각을 하고 있으며 어떻게 반응하고 있는지를 모른다면 그러고도 살아 있다고 할 수 있겠습니까? 자기가 무엇을 어떻게 하고 있는지 모르면서 살아가는 삶은, 살 만한 가치가 없는 것입니다. 아니, 삶이라는 말을 쓸 수도 없지요. 그건 하나의 기계로, 로봇으로 그냥 그렇게 있는 겁니다. 잠이요, 꿈이요, 죽음이에요. 그런데도 사람들은 그걸 치열하게 사는 인생이라고 부르는군요!

그런즉, 관찰하고 성찰하고 질문하고 조사하십시오. 당신 마음이 살아나면서 두터운 지방질이 벗겨지고, 예민하게 그리고 활기차게 신선한 '지금 여기'를 살게 될 것입니다. 당신 감옥의 벽이 무너져 돌 위에 돌 하나 남지 않을 것이며, 당신은 사물의 진면목을 그때마다 신선한 놀라움으로 바라보고 현실을 있는 그대로 경험하며, 영원한 순간을 살아가는 복을 누릴 것입니다.

오른손이 하는 일을 왼손이 모르게

자선을 베풀 때에는 오른손이 하는 일을 왼손이 모르게 하여…… ―마태오복음 6, 3

행복도 그렇고 성스러움도 그렇고 자선도 그래요. 행복한 사람은, 나 지금 행복하다고 말하지 않습니다. 행복을 의식하는 순간 그는 더 이상 행복하지 않으니까요. 당신이 행복한 경험이라고 말하는 것은 어떤 사람이나 사물이나 사건으로 인하여 맛보게 된 잠시 동안의 흥분 또는 쾌락에 지나지 않습니다. 참된 행복에는 이유가 없어요. 그냥 행복한 겁니다. 진짜 행복은 몸으로 경험되지 않습니다. 그것은 의식意識의 경계 안에 들어오지 않아요. 스스로 행복한 줄 모르는 게 행복입니다.

성스러움도 그래요. 당신이 스스로 자신의 성스러움을 의식하는 순간 그것은 당신 혼자의 의로운 독선獨善으로 변질됩니다. 선행을 하면서 그것이 선행인 줄 모를 때 당신은 더없이 선한 행위를 한 것이에요. 누구에게 덕을 베풀면서 스스로 덕을 베푼다는 의식이 전혀 없을 때 당신은 가장 순수한 덕을 베풀고 있는 겁니다. 당신 오른손이 무슨 착한 일을 하고 있는지, 당신 왼손이 전혀 모르는 거예요. 저절로 자연스럽게 되는 일을 그냥 하고 있는 것뿐이지요. 잠시 시간을 내어, 당신이 스스로 당신의 덕목이라고 생각하는 것들이 교묘하게 조작하여 자신에게 강요한 것들이라는 사실을 성찰해보십시오. 그것들이 정말 당신의 덕목들이라면, 당신은 그냥 그것들을 즐길 뿐, 그것들이 따로 무슨 덕목이라는 생각은 전혀 하지 않을 것입니다. 스스로 성스러운 줄을 모르는, 그것이 성스러움의 첫 번째 성질性質입니다.

성스러움의 두 번째 성질은 노력으로 되지 않는다는 것입니다. 노력은 당신의 행동을 바꿀 수 있지만, 당신을 바꾸지는 못합니다. 생각해보세요. 노력은 당신 입에 음식을 넣어줄 수 있지만 그러나 식욕을 돋우어주지는 못합니다. 당신을 침상에 누워 있게 할 수 있지만 잠을 재우지는 못하지요. 노력은 당신으로 하여금 비밀을 세상에 드러내게 할 수 있지만 진실을 만들게는 못합니다. 노력으로 남들이 칭찬할 만한 일을 할 수는 있지만 순수한 칭찬을 사람들로부터 자아낼 수는 없는 거예요. 노력은 당신에게서 봉사 활동을 끌어낼 수 있지만, 사랑과 성스러움은 노력해서 이루어지는 것이 아닙니다. 당신이 노력으로 성취할 수 있는 것은 순수한 변화와 성숙이 아니라 모두가 억지춘향일 뿐이에요.

변화는 깨어남과 알아차림으로 이루어집니다. 당신의 불행을 알아차리십시오. 곧 사라질 것입니다. 그 결과로 오는 것이 행복이에요. 당신의 교만을 알아차리십시오. 곧 아래로 고개가 숙여질 것이고 당신은 저절로 겸손해질 것입니다. 당신의 집착을 알아차리세요. 곧 녹아 없어질 것이고 결과는 자유입니다. 사랑과 자유와 행복은 당신이 노력해서 만들어낼 수 있는 것이 아니에요. 당신은 그것들이 무엇인지도 알지 못합니다. 당신이 할 수 있는 일은 사랑과 자유와 행복에 반대되는 것들을 성찰하고, 성찰을 통해서 그것들을 죽게 하는 것이 전부입니다.

성스러움은 사람이 그것을 바란다고 해서 이루어지는 게 아니에요. 이것이 세 번째 성질이지요. 당신이 행복을 바란다면 그것을 얻지 못할까봐 걱정할 것입니다. 당신은 끊임없이 불만 상태에 있을 것이고, 바로 그 불만과 걱정이 당신의 행복을 망가뜨리는 거예요. 스스로 성스러운 존재가 되기를 원할 때 당신은, 당신을 그토록 이기적이고 허망하고 속되게 만드는 바로 그 탐욕과 야심을 먹여 기르는 것입니다.

알아 두십시오. 당신 안에서 변화를 일으키는 두 가지 근원sources이 있습니다. 하나는 당신을 지금 있는 그대로의 당신 아닌 다른 어떤 존재로 만들고자 노력하게 밀어붙이는 당신의 교활한 에고입니다. 다른 하나는 대자연의 지혜 the wisdom of Nature지요. 당신이 이 지혜를 알게 된 것에 감사하십시오. 당신의 변화를 온전히 대자연의 지혜에 맡기세요. 그게 당신이 할 일의 전부입니다.

당신의 에고는 대단한 기술자technician이지만, 그러나 창조하는 능력은 없습니다. 그것은 온갖 기술과 방법을 동원하여 엄격하고 고집스럽고 기계적이고 편협하고 딱딱하고 빈틈없는 모조품 '성자'들을 만들어내지요. 그들이야말로 성스러움과 사랑에 정반대되는 악당들입니다. 자기는 세상의 속물들과 다른 성별된 존재라고 생각한 자들이 메시아를 십자가에 못 박았지요.

    대자연은 기술자가 아닙니다. 대자연은 창조합니다. 당신이 스스로 포기하여, 아무것도 욕망하지 않고 바라지 않고 염려하지 않고 어디에 이르고자 노력하지 않고 무엇을 얻고자 애쓰지 않을 때, 그때 당신은 간교한 기술자가 아니라 창조하는 사람으로 될 것입니다. 그때 당신한테 있는 것은, 사람의 어리석음과 이기심, 집착과 두려움을 그냥 바라봄으로써 소멸시키는 예민하고 생생하고 주의 깊고 따뜻한 '깨어 있음'awareness, 그게 전부올시다. 그 뒤로 이어지는 변화는, 당신의 청사진과 노력의 산물이 아니라, 당신의 의지와 계획을 일축하고 당신 왼손 모르게 당신 오른손으로 일한 대자연의 열매인 것입니다.

뱀과 비둘기

그러므로 너희는 뱀같이 슬기롭고 비둘기같이 양순해야 한다. -마태오복음 10, 16

비둘기와 들꽃과 나무들 그리고 저 대자연Nature 속에서 제 할 일 다 하고 있는 지혜the Wisdom를 보십시오. 같은 지혜가 우리 몸 안에서도, 우리 재주로는 엄두도 못 낼 일을 하고 있습니다. 우리가 다른 생각을 하고 있는 동안, 핏줄에 피를 돌리고, 음식을 소화하고, 심장에 펌프질하고, 폐를 부풀리고, 몸에 침입한 균을 몰아내고, 상처를 치료하고 있지요. 이와 같은 대자연의 지혜를 우리는 이제 겨우, 우리가 원시인이라고 부르는 단순하고 슬기로운 사람들한테서 발견하기 시작했습니다.

이른바 문명인을 자처하는 우리는 그동안 정교한 두뇌를 활용하여 다른 종류의 지혜를 개발했지요. 그래서 원시인들은 생각도 못할 만큼 빠르고 안락한 생활을 즐기며 인간의 수명을 늘이는 데 주력했고 엄청난 결실을 맺었습니다. 이 모두가 정교한 두뇌 개발 덕분이요, 고마운 일이라 하겠습니다. 이제 우리가 해야 할 일은, 뱀처럼 정교한 지혜를 잃지 않으면서 비둘기의 온유함과 단순함을 되찾는 일입니다.

어떻게 이 일을 해낼 수 있을까요? 우선 우리가 자연을 거역하여 개발을 시도할 때마다 그렇게 해서 상처를 입는 것이 바로 우리 자신임을 깨달아야 합니다. 자연 곧 인간이니까요. 자연을 훼손하는 것은 마치 당신 오른손이 당신 왼손을 해치고 당신 왼발이 당신 오른발을 짓밟는 것과 같습니다. 그렇게 되면 양쪽 모두 잃게 마련이고, 살아서 무엇을 창조하기는커녕 끝없는 갈등과 다툼에 파묻히고 말겠지요. 지금 세상 사람들 거의 모두가 그러고들 있지 않나요? 보세요, 어떻게 해서든지 좀더 풍요롭고 안락하게 살겠다는 욕심으로 자연을 거슬러 함부로 개발을 추진한 결과, 저렇게 죽어가는 생명체들과 무너지는 산사태로 포위되어 있잖습니까?

당신의 머리(생각)와 자연이 서로 다투거든, 머리를 편들지 말고 자연을 편드십시오. 자연을 상대로 싸우다가는 마침내 자연이 당신을 파멸시킬 것입니다. 그러므로 비결은, 자연과 조화를 이루며 자연을 개발하는 데 있거니와, 어떻게 우리가 이 조화를 이룰 수 있을까요?

첫째, 당신의 인품이나 삶에 무슨 변화가 일어나기를 바랄 경우, 당신은 본인의 에고가 세워놓은 계획에 따라서 치밀하고 철저한 노력으로 그 변화를 이루어내려 하는 편입니까? 그렇다면 그것은 당신의 비둘기와 당신의 뱀이 서로 싸우는 것과 같습니다. 아니면, 현재 당신의 상태와 문제를 연구, 관찰, 이해하고, 그것들을 있는 그대로 알아차리면서, 당신의 에고가 원하는 바를 이루고자 억지를 부리는 대신, 당신의 계획 아닌 대자연의 계획에 따라서 변화가 절로 일어나도록 내어맡깁니까? 그렇다면 그것은 당신의 비둘기와 당신의 뱀이 완벽하게 호흡을 맞추고 있는 거예요.

당신이 지닌 문제들과 당신이 바라는 자기 변화에 대하여 스스로 어떻게 하고 있는지, 잘 살펴보십시오. 상과 벌, 훈련과 극기, 칭찬과 꾸중, 욕심과 오만, 야망과 허영을 동원하여 당신이 바라는 변화를 이루려고 애쓰고 있나요? 그렇거든, 처음부터 가망 없는 시도를 여기서 멈추고, 이제부터 사랑과 인내로 당신의 현재를 있는 그대로 받아주고, 깊은 이해와 맑은 눈으로 당신의 모든 것을 알아차리도록 하십시오.

둘째, 당신의 몸을 아직 자연 상태로 살아가는 다른 동물의 몸에 견주어보세요. 동물은 너무 살이 쪄서 체중이 오버하는 일이 없고, 싸우거나 도망칠 일이 생기기 전에는 긴장하는 법이 없습니다. 제 몸에 안 좋은 음식에는 절대 입을 대지 않지요. 필요할 때만 움직이고 나머지 시간은 휴식으로 꽉 채웁니다. 바람, 햇빛, 비, 더위, 추위 같은 자연환경에 언제나 적당히 자신을 노출시키지요. 그들이 그럴 수 있는 것은, 제 몸이 하는 말을 알아듣고 몸의 지혜가 이끄는 대로 움직이기 때문입니다. 당신의 어리석은 잔꾀를 그들의 지혜에 견주어보십시오. 당신 몸이 말을 할 수 있다면, 당신에게 뭐라고 할 것 같습니까? 자기를 내세우고 남들을 즐겁게 하려는 욕심, 자신의 에고가 제멋대로 설정한 목표를 이루기 위하여 몸이 하는 말을 무시하는 어리석음, 끝도 바닥도 없는 탐욕, 야망, 허영심 따위로 가득 차 있는 당신 모습이 보이지 않나요? 과연 그렇다면 그것은 당신이 비둘기의 순박한 지혜를 잃었다는 얘기올시다.

  셋째, 당신이 얼마나 대자연과 가까이 접촉하고 있는지, 나무, 흙, 풀, 하늘, 바람, 비, 태양, 꽃, 새, 짐승, 벌레들과 얼마나 친한 사이인지, 스스로에게 물어보십시오. 당신은 얼마나 대자연에 노출되어 있나요? 얼마나 많이 그녀와 이야기를 나누고, 그녀를 관찰하고, 경이롭게 묵상하고, 그녀와 하나 되어 있습니까? 만일 당신 몸이 너무 오래 그녀로부터 격리되어 있다면, 그것은 생명의 원천에서 소외된 것이므로, 머잖아 시들거나 마비될 거예요. 그래도 계속 당신의 육신body이 대자연으로부터 떨어져 있으면, 당신의 정신spirit 또한, 뿌리 잘린 나무처럼, 시들어 죽고 말 것입니다.

폭력을 쓰는 사람

그리고 폭력을 쓰는 사람들이 하늘나라를 빼앗으려고 한다. -마태오복음 11, 12

막 피어난 장미의 싱싱하고 아름다운 모습과, 긴장 속에서 쉴 새 없이 바쁘게 돌아가는 당신의 삶을 견주어보십시오. 장미에게는 당신한테 없는 선물이 있습니다. 그녀는 자기 자신으로 완벽하게 만족합니다. 당신처럼 태어나면서 입력된 프로그램도 없고 자신한테 아무 불만이 없는지라, 저 아닌 다른 무엇이 되려는 마음이 전혀 없어요. 사람들 가운데 어린 젖먹이들과 성인들한테서나 겨우 발견되는 천진무구天眞無垢와 내적 갈등의 부재不在를 장미가 지니고 있는 까닭이 여기 있지요.

 당신의 딱한 처지를 보십시오. 당신은 늘 당신이 못마땅하고 그래서 어떻게든지 당신을 바꾸고 싶어 합니다. 그 결과, 당신을 바꾸려는 모든 노력에 수반되는 폭력이 자신에 대한 조바심과 함께 당신을 가득 채우고 있지요. 따라서 당신이 어떻게 바뀌어도 내적 갈등은 따라다니게 마련입니다. 게다가, 당신이 이루지 못한 것을 이루거나 당신이 되지 못한 것이 된 다른 사람들을 보면 배가 아프고 마음이 괴롭습니다.

 당신이 저 장미처럼, 있는 그대로의 자신에 만족하고 당신 아닌 무엇이 되고자 하는 마음이 조금도 없다면, 그래도 남에 대한 시기와 질투로 괴로울까요? 그러나 당신은 당신보다 더 많이 알고 더 잘 생기고 더 유명하고 더 성공한 어떤 사람처럼 되고자 애쓰고 있습니다. 안 그런가요? 당신은 좀더 우아하고 좀더 사랑스럽고 좀더 신중하고 좀더 너그러운 사람이 되고 싶어 하지요. 하느님을 찾고 싶고 당신의 이상理想에 좀더 가까이 가고 싶어 합니다. 번번이 좌절과 낙심으로 끝나거나 비싼 고통의 대가를 치르고야 겨우 성취했던 당신의 자기-계발을 위한 노력의 슬픈 역사를 생각해 보십시오.

 자, 그럼 당신을 바꿔보려는 모든 노력을 포기하고, 자기-계발의 꿈도 접고, 그러면 당신은 당신 안팎의 모든 것을 수동적으로 받아들이면서 멍청한 상태로 잠을 자게 되는 걸까요? 아닙니다. 자신을 못살게 들볶지도 않으면서 멍청한 피동태로 살지도 않는 '제3의 길'이 있어요. 자기-이해의 길the way of self-understanding이 그것입니다. 그 길은 결코 쉬운 길이 아니에요. 왜냐하면, 당신이 누군지를 이해하려면, 당신을 당신 아닌 무엇으로 바꾸려는 욕망에서 완벽하게 자유로워야 하니까요. 개미를 변화시키려는 마음 없이 개미의 습성을 연구하는 생물학자와 개에게 무엇을 가르치려고 개의 습성을 연구하는 조련사의 태도를 견주어 보면, 이 말이 무슨 뜻인지 알 수 있을 거예요. 만일 당신이 당신을 바꾸려 하지 않고 그냥 있는 대로 당신을 관찰한다면, 자신을 판단하거나 비난하거나 고쳐보려는 마음 없이 사람과 사물에 대한 당신의 모든 반응을 연구한다면, 그런다면 당신의 눈길은 무엇을 취사선택하거나 변명하거나 굳어진 결론을 내리는 대신 언제나 순간순간 신선하게 열려 있을 것입니다. 정말 그렇게만 된다면, 당신은 당신 안에서 일어나는 놀라운 기적들을 보게 될 거예요. 당신은 어느새 밝은 깨달음의 빛으로 충만하여 투명하게 변모되어 있을 것입니다.

그런 변화가 과연 일어나느냐고요? 예, 물론입니다! 당신 안에서도 일어나고 당신 주변에서도 일어납니다. 하지만 그것은 교활하면서 분주하기만한 당신의 에고가 일으키는 변화가 아니에요. 당신의 에고는 끊임없이 겨루고, 비교하고, 강요하고, 설교하고, 조급한 욕심으로 무엇을 꾸며 만들고 그리하여 당신과 대자연Nature 사이에 끝없는 긴장과 투쟁과 저항을 불러일으키지요. 그것이야말로 브레이크를 잔뜩 걸어놓고 차를 운전하는 것처럼 기운만 빠지고 아무 이루어지는 게 없는 헛수고일 뿐입니다. 반면에, 깨달음에서 오는 변화의 빛은, 당신 에고의 온갖 계획과 시도를 옆으로 밀쳐두고, 대자연이 한 송이 장미한테서 이루는 천진스럽고 우아하고 온전하고 속에 아무 갈등도 없는 변화를 당신한테서 그대로 이루도록 당신을 대자연에 내어 맡기지요.

모든 변화에 힘이 필요하니까 대자연도 힘을 써야겠지요. 예, 대자연도 힘을 씁니다. 그러나 대자연의 힘은 에고가 쓰는 힘과 달리, 조급함과 자기-불만 또는 자기-혐오에서 나오는 힘이 아니에요. 홍수로 모든 것을 휩쓸어버리는 폭우나, 우리가 모르는 생태계의 법에 따라서 새끼들을 삼키는 물고기, 더 높은 목적을 이루기 위하여 세포들을 파괴하는 세포들 안에는 분노도 증오도 없습니다. 대자연이 무엇을 파괴하는 것은 자신의 욕망을 채우거나 자기-확장을 이루기 위해서가 아니라, 한 부분의 존속과 안녕 대신 전체 우주의 선善을 지키려는 신비스런 법칙에 따르는 것입니다.

과거 성인들이 일반 사람들은 보지 못하는 악을 바로 보고 당시의 사회와 문화를 지배하던 관념과 체제들을 향해 폭풍처럼 도전한 것도 바로 이 힘에 의한 것이었지요. 장미를 싫어하는 사람 면전에서 한 송이 장미를 당당하게 피워내는 것도 바로 이 힘입니다. 한 송이 장미로 하여금, 성인들처럼, 꽃잎을 활짝 펼쳐 화려한 빛깔 뽐내며 향기를 떨치다가 때가 되면 그 수명을 한 치도 연장하려는 기색 없이 그야말로 미련 없이 가차 없이 시들게 하는 것도 바로 이 힘이지요. 그런즉, 이 힘으로 사는 사람은, 깨달음의 꽃을 피우는 것으로 만족하며, 모든 변화를 대자연 속에 있는 하느님의 힘에 내어 맡기고, 공중의 새들처럼, 들의 꽃들처럼, 그렇게 살아갑니다. 그들한테서는 오늘의 인간 세상을 특징짓는 불만도, 불평도, 쉴 새 없이 무엇을 추구하는 분주함도, 남에 대한 질투도, 남과 겨루어 이기려는 경쟁심도 찾아볼 수 없을 것입니다.

겉모양으로 판단하지 말라

선생님, 우리는 선생님의 말씀과 가르침이 옳다는 것을 압니다. 또 선생님은 사람을 겉모양으로 판단하지 않으실 뿐더러 하느님의 진리를 참되게 가르치신다는 것도 압니다.
-루가복음 20, 21

당신의 삶을 보십시오. 빈자리를 온통 사람들로 채우지 않았습니까? 결과적으로 그들이 당신 목을 조르고 있지요. 그들이 어떻게 칭찬과 비난으로 당신의 행동을 통제하고 있는지 보세요. 그들은 당신을 자기네 무리에 끼워줌으로써 고독을 달래주고 칭찬하는 말로 붕 띄웠다가 비난과 거절로 밑바닥에 동댕이칩니다. 아침에 일어나서 잠자리에 들 때까지 거의 모든 시간을 사람들 구미 맞추는 데 낭비하고 있는 당신 모습을 보십시오. 당신은 그들의 규범대로 살고, 그들의 기준에 맞추려 애쓰고, 그들의 동아리에 들고자 하고, 그들한테 사랑받기를 원하고, 그들의 조롱을 두려워하고, 그들의 칭찬을 갈망하고, 그들의 책망을 공손히 받아들이고, 그러면서 살고 있습니다. 옷차림 뿐 아니라 말투나 몸짓이나 심지어 생각까지도 유행에 거슬리거나 뒤질까봐 전전긍긍이지요.

그리고 보세요, 당신이 그들을 통제할 때조차도 얼마나 그들에게 의존하고 있으며 그들의 노예가 되어 있는지를.

사람들이 당신의 삶에 너무 많은 부분을 점령하고 있는지라, 그들의 영향권과 통제권을 벗어나서 산다는 건 상상도 할 수 없는 일이 되었습니다. 실제로, 당신이 그들한테서 벗어나면 그 즉시로 동떨어진 섬처럼 외롭고 처량한 신세가 되어 더 이상 버틸 수 없을 것이라는 확신이 당신을 사로잡고 있지 않나요?

하지만, 정확히 그 반대가 진실입니다. 누구의 노예가 되어 있으면서 어떻게 그를 사랑할 수 있단 말입니까? 그가 없이는 살 수 없다고 생각되는 사람을 어떻게 사랑할 수 있지요? 당신이 할 수 있는 일은 다만 그 사람을 갈망하고, 필요로 하고, 의존하고, 두려워하고 그리고 그에게 통제 받는 것뿐입니다. 사랑은 두려움이 없고 자유로운 상태에서만 할 수 있는 거예요. 그 자유를 당신은 어떻게 성취할 것입니까? 남에 대한 당신의 의존성과 노예속성을 동시에 무찌르는 것이 그 방법이지요.

첫째 방법은 깨어남awareness입니다. 남에게 의존하는 어리석음에 대하여 항상 깨어 있는 사람에게는 남에게 의존하고 그의 노예가 된다는 것이 저절로 불가능해집니다. 그러나 사람들한테 중독이 되어 있을 경우, 깨어 있기만으로는 충분치 못합니다. 그럴 때에는 당신이 좋아하는 일을 해야 합니다. 그게 둘째 방법이에요. 무슨 쓸모가 있기 때문이 아니라 일 자체가 좋아서 하는 그런 일거리를 찾아야 해요. 성공하든 실패하든, 그걸로 남들의 칭찬을 듣든 말든, 사람들의 사랑을 받든 말든, 보상이 있든 없든, 세상이 알아주든 말든, 그 때문에 사람들이 고마워하든 말든 상관없이 그냥 그 일이 좋아서 하는 그런 일이 당신에게 있습니까? 그냥 그 일이 당신을 즐겁게 하고 당신의 영혼을 사로잡아서 그래서 몰두하게 되는 일이 그동안 당신 인생에 얼마나 있었나요? 찾아보세요. 있으면 그 일을 잘 먹여 기르십시오. 그것들이 당신을 자유와 사랑으로 태워가는 당나

귀니까요.

여기서도 당신은 이렇게 생각하도록 아마도 세뇌되어 있을 것입니다. 한 편의 시를 암송하거나 좋은 경치 또는 음악을 감상하는 것은 시간 낭비다. 그러느니 네가 직접 시를 짓거나 작곡을 하거나 그림을 그릴 일이다. 하지만, 시를 짓고 작곡을 하고 그림을 그리는 것만으로는 가치가 없다. 그렇게 해서 나온 네 작품이 사람들에게 알려져야 한다. 애써 만들었는데 아무도 봐주지 않는다면 무슨 소용이냐? 사람들한테 알려져도 그것만으로는 별것 아니다. 사람들의 인정을 받고 칭송을 들어야 한다. 네 작품이 인기가 있어서 많이 팔리게 된다면, 와! 그거야말로 금상첨화요 최고의 성공인 것이다!

이렇게 해서 당신은 다시 사람들 손에 자기를 맡기고 그들의 통제 아래로 들어가는 거예요. 그들에 따르면, 당신이 무슨 일을 할 때 그 일의 가치는 당신이 그 일을 얼마나 좋아하고 즐기느냐에 있지 않고 그것으로 얼마나 눈에 보이는 성공을 거두었느냐에 있습니다.

신비주의와 '실재하는 그분'the Reality에게로 가는 왕도王道는 사람들의 세계the world of people를 통과하지 않습니다.

그것은 성공이냐 실패냐에 상관하지 않고, 그냥 그렇게 하는 것이 좋아서 하는 행위의 세계 the world of actions를 통과합니다. '실재하는 그분'에게로 가서 닿는 순간 당신은 사랑이 무엇인지, 자유가 무엇인지 알게 될 거예요. 그것은 사람들로부터의 자유, 그래서 그들을 제대로 사랑할 수 있게 하는 자유입니다.

당신은 당신 중심에서 솟아오르는 사랑을 생각하는 대신 먼저 사람들을 만납니다. 그것은 사랑이라기보다는 겉으로 드러난 것에 대한 매력 또는 연민이라고 하겠습니다. '실재하는 그분'과의 만남을 통해서 당신 중심으로부터 솟아나는 그것이 진정한 사랑이에요. 어떤 특별한 사람이나 사물에 대한 사랑이 아니라 사랑의 실재―사랑의 태도, 사랑의 표출입니다. 그 사랑이 사람과 사물의 세계로 방출放出되어 빛을 비추는 거예요.

당신의 인생을 이 사랑으로 살고자 한다면, 사람에 대한 의존성을 알아차림으로써 그것을 떨쳐버리고, 그냥 그것이 좋아서 하는 당신의 일을 찾아, 그 일을 해야 합니다.

한 분 스승

> 그러나 너희는 스승 소리를 듣지 말라. 너희의 스승은 오직 한 분뿐이고 너희는 모두 형제들이다. -마태오복음 23, 8

당신은 기하학이나 영어나 자전거 타기 또는 컴퓨터를 가르쳐주는 선생들을 만날 수 있습니다. 그러나 진짜 문제라고 할 인생, 사랑, 실재, 하느님에 관해서는 아무도 당신에게 무엇을 가르쳐 줄 수 없습니다. 그들이 할 수 있는 일은 당신에게 틀formulas을 주는 것이 전부예요. 그리고 그 틀들 가운데 하나를 취하자마자 당신은 누군가의 마음을 통해서 걸러진 현실을 만나는 겁니다. 틀을 움켜잡으면 당신은 그것에 갇힌 몸이 되지요. 그리하여 당신은 시들게 되고, 마침내 죽는 순간까지 자기를 본다는 게 무엇인지, 배우는다는 게 무엇인지를 깨치지 못할 것입니다.

이렇게 생각해봅시다. 그때 겪은 일을 도저히 말로 표현할 수 없어서 무덤까지 혼자 가슴에 묻고 가야 할 것 같은 그런 순간의 경험들이 당신에게 있습니다. 사실 말이지 사람에게는 자기가 경험한 것을 그대로 옮겨줄 언어가 없거든요. 수면 위로 낮게 날아가는 새와 햇빛이 반사되어 날카롭게 빛나는 담장에 박힌 유리 조각을 보거나, 밤중에 이웃집 젖먹이의 울음소리를 듣거나, 건강한 인간의 나체가 뿜어내는 아름다움을 감상하거나, 관에 담긴 시체의 무표정한 얼굴을 볼 때 어떤 느낌이던가요? 당신은 그 느낌을 음악이나 시 또는 그림에 담아서 남들에게 전하려고 시도해 볼 수 있겠지요. 하지만 그 순간에 당신이 경험한 느낌을 그대로 전달받을 사람이 아무도 없으리라는 사실을 당신은 알고 있습니다. 그것은 어쩔 수 없는 당신의 무능無能이에요. 하물며 남을 가르친다는 게 처음부터 가당키나 한 일이겠습니까?

그것이 바로 인생에 대하여, 하느님 또는 실재에 대하여 가르쳐달라는 당신의 요청 앞에서 스승이 느끼는 것입니다. 그가 당신에게 줄 수 있는 것은 하나의 틀, 그 틀 안에 엮여 있는 언어들이 전부예요. 하지만 그 언어들이 무슨 소용입니까? 버스 안에 있는 한 무리 관광객들을 생각해봅시다. 창문마다 가리개가 드리워져 있어서 버스가 통과하는 낯설고 아름다운 풍경을 볼 수도 없고 손으로 만지거나 냄새를 맡을 수도 없는데 친절한 안내자가 아까부터 바깥 풍경의 맛과 멋과 냄새와 분위기까지 자세하게 설명하고 있습니다. 관광객들이 경험할 수 있는 것은, 안내자가 말로 그려주는 상상된 모습이 전부예요. 버스가 멈추고, 안내자는 관광객들이 보고 경험할 만한 것들에 대한 지식을 안겨 준 채 밖으로 내보냅니다. 그들의 경험은 바로 그 지식에 의하여 일그러지고 한정되고 왜곡되겠지요. 그리고 그들이 인식하는 것은 안내자의 설명으로 여과된 실재입니다.

그들은 실재를 선택적으로 보거나 자기네 틀을 그 위에 투사할 것입니다. 그러므로 그들은 실재를 있는 그대로 보는 게 아니라, 그것을 통해서 자기네 틀을 확인할 따름이지요.

지금 당신이 만지는 것이 실재임을 알 수 있는 무슨 방법이 있나요? 여기 그 신호sign가 있습니다. 당신이 인식하고 있는 것은 다른 사람이 당신에게 준 것이든 아니면 당신 스스로 만든 것이든 아무튼 그 어떤 틀에도 부합되지 않아요. 간단하게 몇 마디 말로 설명될 수 있는 게 아니란 말입니다. 그러니 선생들이 무얼 할 수 있겠습니까? 그들은 당신 눈앞에 실재하지 않는 것을 가져다 놓을 수 있을 뿐, 실재 그 자체를 보여주지는 못합니다. 그들은 당신의 틀을 깨뜨릴 수 있지만 당신으로 하여금 그 틀이 가리키는 바를 보게 할 수는 없어요. 당신의 오류를 지적할 수는 있어도 당신으로 하여금 진실을 소유하게는 못합니다. 그들이 할 수 있는 것은 기껏 해야 실재 쪽을 가리키는 일이에요. 당신에게 실재를 보라고 말할 수는 있지만 그것을 보여주지는 못합니다. 당신은 혼자서 그리로 가고 스스로 그것을 찾아야 해요.

혼자 걸으십시오. 남들이 당신에게 준 틀, 책에서 배운 틀, 당신 스스로 지난날의 경험을 통해서 터득한 틀, 그 모든 틀을 떠나서 홀로 걸으라는 말입니다. 틀의 보호를 받지 않고, 모르는 것 속으로 들어가기! 어쩌면 사람이 할 수 있는 일 가운데 가장 겁나는 일일 겁니다. 예언자들과 신비가들이 그랬듯이 사람들의 세계를 떠나서 걸으라는 말은 사람들과 교제하지 말라는 게 아니라 그들의 틀을 떠나서 걸으라는 뜻이에요. 그때 당신은 사람들로 에워싸여 있어도 진실로 오로지 혼자인 겁니다. 얼마나 겁나는 '홀로 있기'입니까! 그 홀로 있기, 그 홀로 됨의 다른 이름이 '침묵 Silence'이지요. 당신은 오직 이 침묵만을 보게 될 것입니다. 그리고 그것을 보는 순간 당신은 모든 책과 안내자와 구루를 버리게 됩니다.

그렇게 해서 장차 당신은 무엇을 보게 될까요? 닥치는 대로 모든 것을 보겠지요! 팔랑거리며 떨어지는 낙엽, 친구의 손짓, 호수에 이는 잔물결, 쌓여진 돌무더기, 무너진 건물, 사람들로 가득 찬 거리, 별들 반짝이는 밤하늘, 하여튼 무엇이든지 다 볼 것입니다. 그것들을 보고 있는 당신에게 누군가 묻습니다. 무엇을 보고 있느냐고, 그것을 말로 표현해보라고. 당신은 고개를 젓지요, 아니라고. 예, 그래요. 그건 아닙니다. 또 다른 틀일뿐이에요. 누군가 그것을 당신에게 설명해주려고 할지도 모릅니다. 역시 당신은 고개를 젓지요. 맞습니다. 설명될 수 있는 게 아니거든요. 누군가 당신에게 그것의 의미를 풀어주려고 할 거예요. 이번에도 당신은 고개를 젓습니다. 그 의미 또한 하나의 틀이요, 사람의 말로 설명되고 머리로 생각하고 눈으로 볼 수 있는 무엇이니까요. 당신이 시방 보고 있는 것은, 그것이 무엇이든,

모든 틀과 의미를 초월합니다. 그리고 당신에게 이상한 변화가 일어나는데, 처음에는 잘 모르다가 마침내 급진적으로 바뀌게 되지요. 일단 보는 것을 보게 되면 당신은 절대로 이전의 당신일 수 없기 때문입니다. 당신은 모든 틀이, 아무리 신성한 것이라 해도, 별 것 아님을 아는 지식에서 오는, 기분을 들뜨게 하는 자유와 이상한 확신을 느낄 거예요. 두 번 다시 누구를 스승이라고 부르지 않을 것입니다. 그때 당신은 인생의 모든 움직임과 과정을 날마다 새롭게 보고 새롭게 알아가며 결코 배우기를 멈추지 않을 거예요. 그때에는 모든 사물이 당신의 스승이지요.

그런즉 이제 책과 당신이 알고 있는 모든 틀을 옆으로 밀쳐두고, 스승을, 그가 어떤 분이든, 떠나서 담대하게 당신 스스로 모든 것을 보십시오. 겁내지 말고, 어떤 틀에도 갇히지 말고, 주변에 있는 것들을 담대하게 보세요. 머잖아 당신은 보게 될 것입니다.

어린아이 같은 사람

나는 분명히 말한다. 너희가 생각을 바꾸어 어린이와 같이 되지 않으면 결코 하늘나라에 들어가지 못할 것이다. -마태오복음 18, 3

어린아이의 눈을 들여다볼 때 처음 받게 되는 인상은 그 놀라운 천진무구天眞無垢입니다. 거짓말을 못하고 탈을 쓰거나 저 아닌 다른 무엇이 되고자 하지 않는 천진함이 그대로 드러나지요. 이 점에서 어린아이는 정확하게 자연과 같습니다. 개는 개, 장미는 장미, 별은 별, 모든 것이 그냥 있는 그대로예요. 오직 어른 사람만 이것이면서 저것이 되려고 합니다. 어른들이 진실을 말했다는 이유로 아이를 벌주고 자기 생각과 느낌을 그대로 드러냈다고 해서 꾸중할 때 아이는 거짓으로 꾸미는 것을 배우고 천진무구는 무너지지요. 그리하여 머잖아 "내가 누군지 모르겠다."고 중얼거리는 사람들의 대열에 끼어드는 것입니다. 너무 오래 자기에 관한 진실을 남들에게 감추다보니 급기야 자기 자신한테도 감추게 된 것이지요. 당신은 지금 어린 시절의 천진함을 얼마나 간직하고 있나요? 그 앞에서 당신을 아이처럼 있는 그대로 벌거벗겨 내놓을 수 있는 그런 사람이 있습니까?

어린아이의 천진함을 잃는 또 다른 길이 있는데, 어린아이가 다른 누구로 되고 싶은 열망에 전염되는 것입니다. 자기 본성Nature이 원하는 대로 음악가, 요리사, 기술자, 목수, 정원사, 발명가 등이 되려고 하는 대신 다른 어떤 사람, 성공하고 유명하고 힘 있는 사람이 되고 싶어서 조용한 자기-만족이 아니라 자기-과시와 자기-확장을 추구하는 사람들을 눈여겨보십시오. 당신은 지금 자기 자신이 되기를 선택하지 않고 자기를 좀더 근사하게 과시하려고 노력했기 때문에 자신의 천진함을 잃은 사람들을 보고 있는 겁니다.

당신이 하루를 어떻게 살고 있는지 돌이켜보십시오. 누군가 다른 사람이 되려는 욕망에 물들지 않은 생각이나 말이나 행동이 당신에게 하나라도 있습니까? 당신이 추구하는 것이 다른 사람들에게는 감추어져 있고 당신만 아는 성자가 되는 것이라 해도 말입니다. 그런데 아이는, 흠 없는 짐승처럼, 저를 있게 한 본성에 온전히 굴복하여 그냥 저 생긴 대로 존재하지요. 자신의 천진함을 잃지 않고 그대로 간직한 어른은, 어린아이처럼, 다른 누군가가 되려는 생각 없이, 남에게 감동을 주려는 마음도 없이, 본성Nature 또는 운명Destiny에 그대로 굴복합니다. 그러나 본능에 따라서 그러는 게 아니라, 자기 안팎에서 일어나는 모든 일에 한결같이 깨어 있고, 그렇게 깨어 있음으로써 악을 저절로 멀리하고, 자신의 욕망에 찬 에고가 아니라 본성의 계획에 따라 성숙한다는 점에서 그들은 어린아이와 크게 다르지요.

어른들이 어린아이의 천진함을 더럽히는 또 다른 길이 있습니다. 아이에게 누군가를 본받으라고 가르치는 거예요. 한 아이를 누군가의 판박이로 만들 때 당신은 그 아이가 세상에 가지고 온 천연의 불꽃을 발로 밟아 끄고 있는 겁니다. 위대하고 성스런 어떤 사람처럼 되기로 마음먹은 순간 당신은 당신의 존재를 헐값에 팔아넘기는 거예요. 다른 누구도 가질 수 없는 당신만의 신성한 불꽃을 깊숙이 묻어놓는 두려움의 덮개들을 생각해보십시오. 슬픈 일 아닙니까? 그것은 당신이 용감하게 당신 자신이 되어 지금처럼 기계적으로 옷 입고 생각하고 행동하지 않기로 하면 당장 사회에서 따돌림을 받고 거절당할 것이라는 그런 두려움이지요. 당신 스스로 하는 생각이나 행동뿐만 아니라 당신의 반응하는 태도와 감정과 가치관에 이르기까지 전반적으로 얼마나 사회의 눈치를 보고 거기에 자신을 일치시키려 하는지를 보세요. 당신은 이렇게 자기를 팔아넘기면서 감히 자신의 태생적인 천진함을 주장할 엄두조차 내지 못합니다. 그것은 이 사회와 조직에 받아들여지기 위하여 지불해야 하는 출입증 값이지요. 이리하여 당신은 왜곡되었지만 잘 통제되는 세계로 들어가면서 어린아이의 천진무구한 왕국에서 유배당하는 것입니다.

당신의 천진함을 파괴하는 마지막 미묘한 길은 자기 자신을 남들과 견주고 겨룰 때 비롯됩니다. 그때 당신은 다른 누구처럼 되려고 또는 더 나은 당신이 되려고 하는 야망과 당신 자신을 교환하지요. 생각해보십시오. 어린아이가 제 천진무구를 그대로 유지하는 까닭은, 자연왕국의 다른 피조물처럼, 우리가 '세상'the world이라고 부르는 곳에 아직 빠져들지 않았기 때문입니다. 이 '세상'이 어떤 곳입니까?

생긴 대로 살기보다 어떻게든 남들의 인정과 칭찬을 받으려 애쓰고, 자기 자신으로 존재하기보다 남들과 겨루어 이기는 데 삶의 목적을 두고, 이웃을 이기고 깔아뭉개고 파멸하면서까지 성공과 명성이라는 허깨비를 추구하는 어른들이 판을 치는 어둠의 경계 아닌가요?

만일 이 지상 지옥의 고통과 그것이 가져다주는 절대 허망을 참으로 느낀다면, 당신은 당신 안에서 일어나는 혁명을 느끼게 될 것입니다. 그리하여 바깥의 무엇을 의존하는 사슬과 당신의 영혼을 에워싼 온갖 속임수를 끊어버리고, 성인들과 어린아이들이 거하는 천진무구의 왕국으로 들어가게 될 것입니다.

사랑의 성질性質

"내가 너희를 사랑한 것처럼 너희도 서로 사랑하라. 이것이 나의 계명이다." -요한복음 15, 12

무엇이 사랑입니까? 어떻게 하는 것이 사랑인가요? 여기 한 송이 장미가 있습니다. 이 장미가 "좋은 사람에게는 향기를 뿜어주고 나쁜 사람한테서는 향기를 거두겠다."고 말할 수 있을까요? 어떤 사람이 등불을 밝혀들고 밤길을 걸어가는데 그가 악한 사람이라는 이유로 그에게서 빛을 거두는 등燈을 여러분은 상상할 수 있습니까? 등이 더 이상 등으로 존재하지 않는다면 그 빛을 거둘 수 있겠지요. 보십시오, 한 그루 나무가 얼마나 속절없이 좋은 사람과 나쁜 사람, 젊은이와 늙은이, 고상한 사람과 비천한 사람, 여자와 남자, 짐승과 사람을 구분하지 않고, 심지어 저를 도끼로 찍어 넘기려 하는 자에게조차, 제 그늘을 선선히 내어주고 있는지!

이것이 사랑의 첫 번째 성질quality입니다. 사랑은 대상을 구별하지 않습니다. "아버지께서는 악한 사람에게나 선한 사람에게나 똑같이 햇빛을 주시고 옳은 사람에게나 옳지 못한 사람에게나 똑같이 비를 내려주신다. 하늘에 계신 아버지께서 완전하신 것처럼 너희도 완전한 사람이 되어라." 이런 아버지의 자녀답게 사랑하며 살 것을 예수님은 우리에게 권고하십니다. 장미와 등불과 나무가 어떻게 존재하는지 그 맑고 순결한 모습을 상상해보세요. 거기서 당신은 사랑이 어떤 것인지를 그려볼 수 있을 것입니다.

어떻게 하면 사람이 이런 사랑을 할 수 있을까요? 당신이 그런 사랑을 해보려고 무엇을 시도한다면, 무엇을 어떻게 하든, 억지를 부리게 마련이고 결국 가짜 사랑을 날조하고 말 것입니다. 그런 사랑을 하기 위하여 당신이 할 수 있는 일은 아무것도 없습니다. 하지만, 당신이 놓아버릴 것은 있지요. 당신이 사람들을 좋은 사람과 나쁜 사람, 성자와 죄인 따위로 구분하여 보지 않고, 아직 미망迷妄에서 깨어나지 못한 무명無明의 존재로 보는 순간 당신에게 어떤 놀라운 변화가 일어나는지 살펴보십시오. 당신은 깨어난 사람도 죄를 지을 수 있다는 잘못된 생각을 놓아버려야 합니다. 깨어남의 빛the light of awareness 아래에서는 아무도 죄를 지을 수 없습니다. 사람의 죄는, 우리가 잘못 생각하고 있듯이, 악의惡意, malice에서 빚어지는 게 아니라, 무명無明, ignorance에서 나오는 것입니다. "아버지, 저 사람들을 용서하여주십시오! 그들은 자기가 하는 일을 모르고 있습니다." 이를 바로 아는 데서, 장미와 등불과 나무가 보여주는바 상대를 구별하지 않는 순진한 사랑이 비롯되는 것입니다.

사랑의 두 번째 성질은 보상報償을 바라지 않는 것입니다. 나무처럼, 장미처럼, 등불처럼 그냥 내어줄 뿐 그것에 대한 보상으로 무엇을 돌려받고자 하지 않습니다. 결혼하는 남자가 신부 집에서 가져올 지참금과 혼수품만 보고 여자를 고른다면 어떻게 되겠습니까? 그 사람은 아내를 사랑한 게 아니라 아내 때문에 생기는 부산물을 사랑한 거예요. 그런데 만약 당신이 마음에 맞는 사람들하고만 어울리고 그렇지 않은 사람들을 따돌린다면, 당신에게 필요한 것을 주고 당신이 기대하는 대로 움직여주는 사람들에게는 기꺼이 마음을 열면서 그렇지 않은 사람들에게는 무심하거나 문을 닫아버린다면, 그 신랑과 당신이 어떻게 다르다 하겠습니까? 보상을 바라지 않는 사랑을 하기 위하여 당신이 할 수 있고 해야 할 유일한 일은, 눈을 뜨고 보는 것입니다. 그냥 보세요! 당신의 사랑이라는 것이 얼마나 교묘하게 이기심과 탐욕을 그 속에 감추고 있는지, 있는 그대로, 비난하거나 책망하지 말고, 그냥 보는 겁니다. 그것이 사랑의 두 번째 성질을 품게 되는 한 걸음입니다.

사랑의 세 번째 성질은 스스로 사랑한다는 의식이 없는 unself-consciousness 것입니다. 사랑은 사랑하는 것 자체가 너무 좋아서 제가 사랑하고 있는 줄을 모릅니다. 등불은 빛을 비추는 데 골몰하여 제 빛이 남에게 무슨 혜택을 주는지 마는지 그런 것에는 아예 생각이 미치지를 않는 거예요. 장미가 향기를 뿜어내는 것은, 그 향기를 맡고 좋아하는 누가 있든 말든, 향기를 뿜어내는 일 말고 다른 무슨 할 일이 없기 때문입니다. 나무가 그늘을 내어주는 것도 그렇고요.

향기도 빛도 그늘도, 누가 다가오면 생겨났다가 아무도 없으면 거두어지는 그런 것들이 아니에요. 사람들이 있느냐 없느냐, 좋아하느냐 싫어하느냐에 상관없습니다. 사랑이 그렇지요. 사랑은 그냥 거기 있습니다. 사랑에는 목적(object, '상대' 또는 '목표'로 읽을 수도 있음-역자)이 없어요 Love simply is, it has no object. 향기도 빛도 그늘도, 누가 저희들한테서 무슨 혜택을 입거나 말거나 상관없이, 그냥 거기 그렇게 있습니다. 자기네가 무슨 좋은 일을 한다든가 누구에게 무슨 덕을 끼친다는 생각이 조금도 없어요. 그것들의 왼손은 정말로 제 오른손이 하는 일을 모릅니다. "주님, 저희가 언제 주님께서 주리신 것을 보고 잡수실 것을 드렸으며 목마르신 것을 보고 마실 것을 드렸습니까?"

사랑의 마지막 성질은 자유freedom입니다. 강제, 지배, 투쟁, 알력 따위가 발을 들이는 순간 사랑은 죽습니다. 장미와 등불과 나무가 얼마나 당신을 자유롭게 내버려두는지 생각해보세요. 당신이 땡볕에 노출되어 쓰러지기 직전인 위험한 상태에 있어도 나무는 당신을 제 그늘로 끌어들이기 위하여 아무 노력도 하지 않습니다. 당신으로 하여금 어둠에 걸려 넘어지지 않게 하려고 억지로 빛을 비춰주는 등불이 있던가요? 누구의 인정을 받거나 칭찬을 들으려고, 또는 누구를 잃지 않으려고, 그들의 기대에 부응하기 위하여 노심초사하면서 한편으로 자신에게 억지를 부리고 상대를 통제하려 애쓰는 우리 모습을 잠시 돌아다봅시다.

그렇게 억지를 부리고 누구를 통제하려고 애쓸 때마다 우리는 하느님이 주신 순진한 사랑의 능력을 파괴하고 있는 겁니다. 사람은 남이 자기에게 하도록 허락한 일 말고는 남에게 해줄 수 없으니까요. 당신이 누구를 사랑한다고 하면서 자신에게와 남에게 무슨 억지를 어떻게 부리고 있는지 잘 지켜보십시오. 그렇게 지켜보면 억지도 강제도 떨어져 나갈 것이고, 그것들이 사라지는 순간 사랑은 되살아날 것입니다. 자유는 사랑의 다른 이름입니다.

뒤돌아보지 마라

예수께서는 "쟁기를 잡고 뒤를 자꾸 돌아다보는 사람은 하느님 나라에 들어갈 자격이 없다."고 말씀하셨다. −루가복음 9, 62

하느님 나라는 사랑입니다. 사랑한다는 게 무엇입니까? 생명에 대하여, 사물과 사람에 대하여, 민감하게 느끼는 것을 의미합니다. 그 누구도 무엇도 배타하지 않고 모든 사물과 사람을 옹글게 느끼는 거예요. 자기 자신을 단단하게 굳히고 문을 닫을 때에만 이루어질 수 있는 것이 배타입니다. 무엇이 굳어지면 거기에 더 이상 민감한 느낌은 없습니다. 이런 민감한 느낌의 예例를 찾아보기란 그리 어려운 일이 아닙니다. 길을 가다가 유리 조각이나 못이 떨어져 있는 것을 보고 누가 다칠까봐 그것을 치워본 적이 있나요? 당신이 그걸 치워서 다치지 않게 된 사람이 누군지, 그런 건 몰라도 상관없습니다. 또 당신의 행위가 사람들에게 인정받고 칭찬받지 못해도 괜찮아요. 그냥 누군가에게 친절한 배려를 베풀고 싶어서 그랬을 뿐이니까요. 당신은 지구 저편에서 일어난 대형 참사나, 한 번도 가본 적 없고 앞으로도 갈 기회가 없을 어떤 숲이 마구 훼손되는 것에 가슴이 아파본 적 있습니까? 순전히 당신 안에 있는 착한 마음이 시켜서 모르는 어떤 사람에게 길을 찾아주기 위하여 가파른 언덕을 오르내려본 적이 있나요? 바로 그런 순간에, 당신 안에서 풀려나기를 기다리고 있던 사랑이 당신 밖으로 나와 신호를 보내고 있는 것입니다.

어떻게 하면 그 사랑을 소유할 수 있을까요? 당신은 그것을 소유할 수 없습니다. 왜냐하면 이미 당신 안에 있으니까요. 당신이 할 수 있는 일은 민감한 느낌을 가로막는 장애물들을 치우고 그것을 겉으로 드러나게 하는 것이 전부입니다.

민감한 느낌을 가로막는 장애물에는 두 가지가 있는데, 신념Belief과 집착Attachment이 그것입니다. 하나의 신념을 품는 순간 당신은 사람과 상황과 사물에 대하여 하나의 결론을 내리고 있습니다. 그리하여 스스로 굳어지게 되고 민감한 느낌은 사라지고 말지요. 이미 당신은 편견에 치우쳐 있고 바로 그 편견으로 사람과 사물과 상황을 보고 있는 겁니다. 다른 말로 하면, 대상을 있는 그대로 보지 않는 거예요. 보이지도 않는 것에 대하여 무슨 수로 민감한 느낌을 느낄 수 있겠습니까? 아는 사람 얼굴을 하나나 둘쯤 떠올려보세요. 그리고 그를 생각할 때 함께 떠오르는 그의 긍정적인 면과 부정적인 면을 있는 대로 열거해보십시오. 이 사람은 이렇고 저 사람은 저렇다고 생각하는 순간 당신은 벌써 그 생각을 굳히고 그 생각으로 사람을 보고 있는 것입니다. 그렇게 되면 지금 이 순간에 그가 지닌 진정한 모습을 볼 수 없지요. 그것은 마치 어제의 일기예보로 오늘 비행하는 조종사와 같다고 하겠습니다. 당신의 모든 신념들을 자세히 들여다보십시오. 그것들이 당신의 신념일 따름이라는 사실을 깨치기만 해도, 당신의 모든 결론들과 편견들이 걷히며 그 자리에 실상實像이 드러날 것입니다.

두 번째 장애물인 집착에 대하여 생각해봅시다. 집착은 어떻게 생겨나는 걸까요? 세 단계가 있어요. 첫째 당신에게 즐거움을 주는 물건들, 자동차, 가구, 최신 유행 가전제품, 칭찬 한마디, 모두들 부러워하는 직장 같은 것들이 가까이 다가옵니다. 그러면 당신은 그것들을 잡고 싶지요. 그래서 그것들이 주는 즐거움을 맛보려고 하는데, 이것이 둘째 단계입니다. 마지막 셋째 단계는 그것들이 주는 쾌락을 당신의 행복과 일치시킴으로써 그것들이 없으면 행복할 수 없다는 확신을 품는 거예요. 이로써 당신은 완벽한 집착에 사로잡혀, 당신이 움켜잡으려고 하는 대상 아닌 다른 사람이나 사물은 아예 눈에 들어오지도 않게 되지요. 그렇게 집착하던 것을 두고 떠날 때에는 마음까지 거기에 두고 떠나서 새로 만나는 다른 장소에 풀어놓을 마음이 없는 겁니다. 인생 심포니는 끊임없이 연주되는데 당신은 계속 뒤로 돌아가 지나간 멜로디에 매달리고 나머지 음악에는 귀를 막고 있는 거예요. 그리하여 당신이 움켜잡고자 하는 것과 인생이 당신에게 주고자 하는 것 사이에 불협화음과 갈등이 생겨나지요. 그러면 결국 사랑과 사랑이 가져다주는 진정한 자유의 죽음인 긴장과 불안이 꼬리를 물고 이어지는 것입니다. 사랑과 자유는 끊임없이 생겨나는 가락을 즐기면서 놓아버리고 그렇게 하여 다음에 이어지는 가락을 옹글게 즐길 때에만 맛볼 수 있는 것이거든요.

　어떻게 하면 집착하지 않을 수 있을까요? 사람들은 무엇을 버림으로써 집착을 없애려고 합니다. 하지만 무엇을 버려서 눈에 띄지 않게 하는 방법은 그것에 집착할 때와 동일한 갈등과 무감각과 욕심을 일으키지요. 그렇게 해서 다시 한 번 자기 자신을 단단하게 만들 뿐입니다. 비결은 아무것도 버리지 말고, 아무것도 붙잡지 말고, 모든 것을 즐기며 흘러가게 놓아두는 데 있어요. 어떻게 그럴 수 있느냐고요? 무엇을 집착하는 것이 얼마나 터무니없는 짓이며 사람을 추하게 만드는지를 오랜 시간 면밀히 관찰하는 겁니다. 집착이 가져다주는 쾌락의 덧없음을 눈여겨보십시오. 그러나 집착할 때의 불안, 고통, 자유롭지 못함을 묵상하면서 집착을 버릴 때 맛보게 되는 기쁨, 평화, 자유도 아울러 묵상하세요. 그러면 더 이상 뒤 돌아보지 않고 현재 순간의 음악을 마음껏 즐기게 될 것입니다.

　끝으로, 우리가 살고 있는 사회, 온갖 집착으로 속속들이 부패하고 감염된 이 사회를 들여다보십시오. 어떤 사람이 권력, 재물, 명예, 성공 따위에 집착하여 그것들을 추구하고 쟁취하는 데 목숨을 걸면, 사람들은 그를 가리켜 사회에

공헌이 많은 생산적인 존재라고 말합니다. 만일 그들이 건강을 해치면서까지, 본인과 남들에게 엄하고 차갑고 몰인정하다는 말을 들으면서까지, 몸을 돌보지 않고 자신의 야망을 밀어붙이면 세상은 그를 믿음직한 시민으로 우러르고, 그의 가까운 친척이나 친구들은 그가 차지한 자리를 자랑스럽게 여길 것입니다. 아무것에도 집착하지 않는 사람만이 보여줄 수 있는 사랑의 부드러운 감수성을 지녔으면서 사회의 존경을 아울러 받는 사람이 당신 곁에 얼마나 있나요? 이런 사실을 계속해서 깊이 묵상하다보면 마침내 정나미가 떨어져 뱀이 당신 몸 위에 기어오를 때처럼 질겁하고 모든 집착을 떨쳐버리게 될 것입니다. 그리하여 당신은 성취와 집착, 불안과 탐욕, 몰인정과 무감각 위에 기초를 둔 이 역겨운 세상에 저항하지 않을 수 없게 될 거예요.

원수를 사랑하라

그러나 이제 내 말을 듣는 사람들아, 잘 들어라. 너희는 원수를 사랑하여라. －루가복음 6, 27

사랑을 할 때 당신은 모든 사람을 새로운 눈으로 보게 됩니다. 전에는 엄격하고 심드렁하게 보던 사람들을 너그럽고 친절하게 대하지요. 그러면 그들 또한 당신을 너그럽고 친절하게 대할 터이고, 결국 당신이 만든 사랑스런 세상에서 살고 있는 당신을 발견할 것입니다.

반대로, 당신이 무슨 일로 기분이 잔뜩 상해서 심기가 불편하고 불안 초조해 있을 때를 생각해보십시오. 그때 당신은 누가 무슨 말을 해도 고깝게 들리며 누가 무슨 짓을 해도 같잖게 보일 것입니다. 그리하여 당신의 머리와 가슴이 만든 증오와 분노의 세상에서 살고 있는 당신을 보게 되겠지요.

어떻게 하면 행복하고 사랑스럽고 평화로운 세상을 만들 수 있을까요? '바로 보는 기술'正見이라고 이름 붙일 만한, 단순하고 아름다우면서 아프기도 한 기술을 배우면 됩니다. 이렇게 해보십시오. 당신을 화나게 하고 성가시게 하는 어떤 사람이 있거든, 당신이 보아야 할 사람은 그가 아니라 당신이라는 사실을 기억하세요. "저 사람 어떻게 된 거야? 무슨 나쁜 짓을 한 거야?" 이렇게 묻지 말고, "저 인간이 지금 나에 대해서 무슨 말을 해주고 있는 거야?" 이렇게 물으십시오. 지금 당장 해보세요. 당신을 괴롭히는 사람이 생각날 때마다 당신에게 말해주십시오. 듣기엔 아프겠지만 당신을 자유롭게 풀어줄 것입니다. "네가 이렇게 힘든 까닭은 저 인간한테 있지 않고 너한테 있다." 이렇게 말하고 나서 당신이 어떻게 당신을 힘들게 했는지 찬찬히 살펴보십시오.

먼저, 그 사람의 어떤 결함이 당신을 화나게 했다면 그 까닭은 바로 당신 안에 같은 결함이 있기 때문임을 들여다보세요. 당신은 그게 싫어서 속으로 억누르고 있다가 자기도 모르는 사이에 그것을 그에게 반영反影시킨 것입니다. 이건 거의 언제나 틀림없는 사실이지만, 대부분 사람이 그런 줄을 모르고 살지요. 그러니, 누가 당신을 화나게 하거든 그의 결점이 당신 마음에, 무의식에 들어 있음을 알아차리세요. 그러면 그가 당신을 자기-발견으로 이끌어 준 데 대하여 오히려 고마운 마음이 들 것입니다.

당신이 살펴볼 만한 것이 또 있어요. 어떤 사람의 언행이 당신을 힘들게 하거든, 당신이 보고 싶지 않은 당신의 어떤 모습을 그가 바로 지적했기 때문은 아닌지 살펴보십시오. 예언자들이 바른 눈을 떠서 사람들의 잘못과 허물을 보고 그것을 지적했을 때, 오히려 그들은 얼마나 화를 내고 난동을 부렸습니까?

분명한 사실이 또 있어요. 당신은 누가 당신이 기대한 대로 움직여주지 않는다 해서 성을 냅니다. 물론 어떤 사람이 못되게 굴거나 잘못을 저지른다고 생각될 때에는 그러지 말라고 요구할 수 있겠지요. 그러나 거기에서 멈추십시오. 화를 내지는 말란 말씀입니다. 진정 당신이 그 사람의 잘못된 행실을 멈추거나 바꾸고자 한다면, 화를 내지 않는 게 더 효과적이지 않겠어요? 분노는 당신의 인식을 흐리게 하고 당신의 행동을 덜 효과적이게 할 따름입니다. 운동선수가 지나치게 흥분하여 평정을 잃으면 오히려 경기를 망치고 만다는 사실, 모르는 사람이 없겠지요. 사실 당신은 다른 누구에게도 당신의 기대에 부응하기를 요구할 권리가 없습니다. 그 사람도 당신과 똑같은 처지에 있다면 당신이 바라는 대로 그렇게 움직일 것입니다. 이 사실을 곰곰 생각해보십시오. 그러면 화가 풀어질 거예요. 당신의 것도 아니고 당신 부모님이 당신 머릿속에 입력시켜놓은 프로그램에 따라서 움직일 것을 남에게 요구하다니, 얼마나 어리석은 짓입니까?

마지막으로 하나 더, 당신이 알아야 할 진실이 있어요. 어떤 사람이든, 성장한 배경과 축적된 경험 때문에 그가 지금 보여주는 것과 다른 행동을 보여줄 수는 없다는 것입니다. 그래서 모든 것을 이해하면 곧 모든 것을 용서하게 된다는 말이 있지요. 옳은 말이에요. 이렇게 어떤 사람을 이해하게 되면 당신 눈에 그 사람은 더 이상 고약한 인간이 아니라 불쌍한 장애인으로 보일 것이고, 그러면 그에 대한 당신의 분노는 봄눈 녹듯이 사라질 것입니다. 그리하여, 당신이 그 사람을 사랑으로 대하는 만큼 그 사람도 당신을 사랑으로 대하게 되고, 마침내 당신이 만든 사랑스런 세상에서 살아가고 있는 당신을 발견하게 되겠지요.

세리와 죄인들

이것을 본 바리사이파 사람들은 예수의 제자들에게 "어찌하여 당신네 선생은 세리와 죄인들과 어울려 음식을 나누는 것이오?"하고 물었다. -마태오복음 9, 11

당신이 사물의 실체와 만나려면 우선 알아두어야 할 것은 모든 생각idea이 실체를 일그러뜨리고 그리하여 실체를 보는 데 장애가 된다는 사실입니다. 생각은 실체가 아닙니다. '술'이라는 생각은 술이 아니고 '여인'이라는 생각은 여인이 아니에요. 내가 정말로 한 여자를 만나고 싶다면, 여자라는 생각이나 인도 사람이라는 생각을 놓아두고 직접 그 여자의 '지금 여기'로 들어가서 그 여자를 몸으로 경험해야 합니다. 그런데 불행하게도 참 많은 사람들이 이런 방식으로 사물과 만나려 하지 않고, 사물의 이름이나 사물에 관한 생각들을 볼 따름이지요. 눈앞에서 구체적으로 독특하게 움직이며 솜털이 보송보송한 아이를 자기 눈으로 보려하지 않는 거예요. 그들은 그냥 웬 '아이'를 보지요. 눈앞에 있는 한 인간 존재의 놀라운 기적을 보지 않는 겁니다. 다만 웬 인도 농부農夫를 볼 뿐이에요. 이렇게, 사물에 대한 우리의 생각이 사물의 실체를 만나는 데 장애가 되는 것입니다.

우리로 하여금 사물의 실체를 만나지 못하게 방해하는 것이 또 있어요. 판단입니다. 저 사람은 선하다 또는 악하다, 이 물건은 더럽다 또는 깨끗하다. 내가 한 사람을 만날 때 그가 인도 사람이라든가 여자라든가 농부라는 '생각'만으로도 충분히 장애가 되는데, 여기에 한 술 더 떠서 "그 여자 착하다." "그 여자 나쁘다." "그 여자 매력적이고 아름답다." "그 여자 매력도 없고 예쁘지도 않다." 따위 판단을 덧붙이는 거예요. 그렇게 되면 나는 그 여자의 실체로부터 더욱 멀어지지요. 그 여자는 착하지도 않고 나쁘지도 않은 존재거든요. 그 여자는 세상에 하나밖에 없이 독특한 '그 여자'일 뿐입니다. 악어와 호랑이는 좋지도 않고 나쁘지도 않은 그냥 악어요 그냥 호랑이에요. 좋다, 나쁘다 하는 것은 그것들 밖에 있는 무엇과 연관이 있습니다. 그것들이 내 목적에 맞아 떨어지거나 내 눈을 즐겁게 해주거나 내게 도움이 되면 좋은 것이고 나를 위협하면 나쁜 거지요.

누가 당신을 가리켜 좋은 사람이라고, 매력 있고 아름다운 사람이라고 말할 때 당신이 어떻게 하는지를 돌이켜보십시오. 당신은 몸을 잔뜩 움츠리며 속으로든 겉으로든 "그건 내가 어떤 사람인지를 몰라서 하는 말이야. 나를 정말로 알면 그렇게 말하지 않을 거야."라고 대꾸할는지 모릅니다. 그것은 평소에 당신이 자신을 아름답고 매력 있는 사람이라고 생각하지 않기 때문이에요. 아니면, 상대의 말을 그대로 받아들여 진짜로 자신이 매력 있고 아름답고 좋은 사람이라고 생각하겠지요. 어쨌거나 당신은 틀렸습니다. 왜냐하면 당신은 아름답지도 밉지도 않으니까요. 당신은 그냥 당신입니다You are you. 주변 사람들의 판단(평가)에 휘둘릴 때 당신은 긴장과 불안과 염려의 열매를 계속 따서 먹고 있는 거예요. 오늘 누가 당신을 아름답다고 하는 바람에 붕 떠 있다가 내일 누가 당신을 밉다고 하면 푹 꺼져버릴 테니까 말입니다. 그런즉 누가 당신을 가리켜 아름답다고 말할 때에는 이렇게 대꾸하는 것이 적절하고 정확한 것입니다. "이 사람은 지금 내 모습이 아름답게 보인다고 자기 느낌을 말한 것일 뿐이다. 나 자신하고는 아무 상관없는 말이야. 저러다가도 기분이 고약해지면 나를 보고 밉다고 하겠지, 하지만 그것 또한 나하고는 아무 상관없는 말이다."

얼마나 쉽게 우리는 나에 대한 남들의 판단에 사로잡혀 그 판단에 근거하여 내 모습을 만들고 있습니까? 참으로 자유로운 사람이 되고자 한다면 사람들이 당신을 두고 이러쿵저러쿵하는 말을 귀로 듣되 그 말에 감정으로 반응하지 않을 수 있어야 해요. 저 컴퓨터가 제 안에 입력되는 정보의 질質에 따라서 이랬다저랬다 하지 않듯이 말입니다. 판단하는 눈으로 사물을 볼 때 당신은 그것의 실체를 보지 못합니다. 판단하거나 칭찬하거나 비난하는 눈으로 무엇을 보는 것이야말로 무엇을 있는 그대로 보지 못하게 하는 가장 큰 장애물입니다. 당신이 자기한테 아주 특별한 존재라고 어떤 사람이 말할 때 그 말을 받아들이면 그때부터 당신은 잔뜩 긴장해야 합니다. 어째서 당신은 누군가에게 특별한 존재가 되고 싶은 겁니까? 그래서 그에게 칭찬과 인정을 받으려고 애를 쓰나요? 왜 그냥 당신 자신이 되는 것으로 만족하지 않는 겁니까?

당신은 내게 아주 특별한 존재라고 말하는 사람이 있나요? 그렇다면, 마땅히 이렇게 생각할 일입니다. "이 사람은 자신의 독특한 취미가 있고 욕구와 계획과 기대가 있어서 지금 나에게 특별한 요구를 하고 있지만 나를 하나의 인격으로 대하고 말하는 것은 아니다. 반면에 어떤 사람은 나를 시시하다고 하겠지. 그러나 그것 또한 나를 한 인격으로 대하고 말하는 것이 아니다." 그런 말을 인정하고 받아들여 흐뭇하게 여기는 순간부터 당신은 그 사람을 위해서 자신을 통제하게 될 것입니다. 그러면서 계속 그에게 특별한 존재가 되려고 애쓰겠지요. 한편, 그가 자기에게 특별한 존재가 될 다른 누군가를 만나고 결국 당신이 차지하고 있는 특별한 존재의 자리를 빼앗기지 않을까 노심초사하는 겁니다. 그리하여 당신은 그의 가락에 맞추어 춤을 추고 그가 기대하는 대로 움직이다가 마침내 그의 꼭두각시가 되어 자신의 자유를 잃고 말겠지요. 당신은 당신의 행복을 스스로 그에게 내어맡긴 것입니다. 당신에 대한 그의 판단에 당신의 행복을 내어맡겼거든요.

마침내 당신은 누군가 당신이 자기한테 특별한 존재라고

말해 줄 사람들을 찾게 되고 그들에게 계속 특별한 존재로 살아남기 위하여 아까운 시간과 정력을 소비하면서 당신 인생을 고약하게 망치기 시작합니다. 동시에 특별한 존재의 자리를 잃어버릴지 모른다는 불안감이 당신을 사로잡는 거예요. 이 얼마나 고단한 인생입니까? 당신의 원하는 바가 평안과 자유라면, 그렇다면 반드시 이런 삶의 방식을 버려야 합니다. 어떻게? 어떤 사람이 "당신은 내게 특별한 존재"라고 말할 때 그 말을 진지하게 받아들이지 않는 겁니다. "당신은 내게 특별한 존재"라고 말하는 것은 그렇게 말하는 사람의 그때 기분과 입맛에 내가 맞았고 그래서 특별한 존재로 보인다는, 그렇게 느껴진다는 말입니다. 그 이상도 이하도 아니에요. 그러니 그가 그렇다니 그런가보다 할 것이지 그 말에 덩달아 춤을 추거나 흐뭇하게 생각할 일은 아닌 겁니다. 당신이 기쁘게 여길 것은 그렇게 말하는 사람과 함께 살아간다는 사실이에요. 그 사람의 칭찬하는 말은 기뻐할 것이 아닙니다. 당신이 더불어 인생을 즐길 상대는 어떤 사람의 말(생각)이 아니라 그렇게 말하는 사람이에요. 그러니 당신은 그에게 나 말고 다른 특별한 존재들을 많이 만나라고 말해주어야 합니다. 그렇게 말하는 사람이 현명한 사람이에요. 상대방이 당신에게 품고 있는 좋은 인상은 언제든지 아주 쉽게 바뀔 수 있는 것입니다. 그러니 누가 당신을 좋게 보았다고 해서 그것을 흐뭇하게 여기고 계속 그에게 좋은 모습을 보여주려고 애쓸 일이 아니에요. 그건 터무니없는 시도입니다. 그러니 다만 이 순간을 즐기십시오. 그가 당신에게 품고 있는 좋은 인상을 계속 유지하게 하려고 이런저런 방법을 찾다보면 결국 그의 장단에 맞추어 춤을 추게 되고 혹시 그에게 상처를 입히거나 그를 실망시킬까봐 전전긍긍하면서 진실을 말하지도 못하고, 그러는 사이 마침내 당신과 그의 관계는 파국으로 곤두박질하게 될 테니까요.

사람들이 당신을 가리켜 천재라느니 지혜롭다느니 성스럽다느니 하고 말할 때에도 그 말에 속지 마십시오. 그런 말에 흐뭇하여 기분 좋았다가는, 계속해서 그런 말을 듣기 위하여 당신의 자유를 포기해야 할 테니 말입니다. 당신에 대한 그의 일시적인 생각에 흠집을 내지 않으려고 조심하는 사이에 당신 자신을 잃고 만다면 그렇게 어이없는 일이 또 있을까요? 자기에 대한 남의 생각과 느낌에 충실하고자 스스로 자기 생각과 느낌을 있는 그대로 나타내지 못하다니!

어떻게 하면 이런 어이없는 굴레에서 벗어날 수 있을까요? 당신에 대한 사람들의 변덕스러운 생각을 면밀하게 꿰뚫어보고, 그것이 그들의 일시적인 생각과 느낌일 따름임을 알아차리면 됩니다. 그러면 당신 또한 누군가에게 특별한 존재가 되고 싶은 욕망을 비우게 될 거예요. 그리하여 당신도, 예수님처럼, 사람들의 이목을 두려워하거나 마음 쓰지 않고서 스스럼없이 죄인들과 평판이 나쁜 사람들을 상대로 그들과 어울리며 할 말 다하고 살 수 있겠지요. 남들이 자기를 어떻게 생각하느냐에 조금도 마음 쓰지 않으면서 자기가 누구에게 중요한 존재인지 시시한 존재인지 그런 것에도 아랑곳하지 않고 다만 주어진 자신의 지금 이 순간에 충실한 저 공중의 새와 들의 꽃처럼, 두려움도 없이 망설임도 없이 자유로운 사람으로 살 수 있을 것입니다.

깨어 있음

주인이 돌아왔을 때 깨어 있다가 주인을 맞이하는 종들은 행복하다. -루가복음 12, 37

이 세상 어디서나 사람들은 사랑을 추구합니다. 사랑만이 세계를 구원하고 사랑만이 인생에 의미를 주어 살 만한 것으로 만들 수 있다고 믿기 때문이지요. 하지만 사랑이 진정 무엇인지, 그것이 어떻게 사람 가슴에서 솟아나는지를 아는 사람은 참으로 드뭅니다. 사람들은 자주 남을 향한 좋은 감정, 남을 섬기거나 잘 대해주거나 남에게 좋은 것을 베푸는 일 따위를 사랑으로 혼동하지요. 그러나 그런 것들이 사랑은 아닙니다. 사랑은 깨어 있음awareness에서 솟아나는 거예요. 당신이 누구를 진정으로 사랑하려면 그에 대한 당신의 기억이나 바람 또는 상상이나 기대 같은 것 조금도 없이 지금 여기에서 있는 그대로 그를 볼 수 있어야 합니다. 그러지 않으면 당신은 어떤 사람이 아니라 그에 대한 당신의 생각 또는 그에게 품은 당신의 욕망을 사랑하고 있는 거예요.

그러므로 사랑의 첫 번째 행위는 사람이나 사물을 사실 그대로, 있는 그대로, 보는 겁니다. 여기에는 당신의 욕망, 선입견, 기억, 기대, 편견 따위를 모두 내려놓는 힘겨운 수련이 필요합니다. 실은 이 수련이 너무나 어려운지라 대부분 사람들이 극기克己의 뜨거운 불길에 자기를 내어맡기기보다는 착한 행실을 하고 누군가를 섬기는 일에 뛰어들지요. 보기 싫지 않은 어떤 사람을 섬길 때 당신이 채워주는 것은 그의 욕구입니까? 아니면 당신의 욕구입니까? 그러기에 사랑의 첫 번째 요건은 상대를 진짜로 보는 것입니다.

똑같이 중요한 사랑의 두 번째 요건은 당신 자신을 있는 그대로 보는 거예요. 당신의 동기, 감정, 부족함, 허위, 자기-중심, 남을 지배하거나 조작하려는 성향 따위를 냉정하게 바라보는 겁니다. 그런 것들을 드러내었을 때 그 결과가 아무리 아프더라도, 머리를 돌리지 말고 정직하게 보면서 그것들 저마다에 이름을 지어주세요. 이렇게 남에게나 자신에게나 깨어 있어서 있는 그대로 보게 되면 그때 당신은 사랑이 무언지를 알 것입니다. 모든 순간 모든 상황에 적절하고 예민한 반응을 할 수 있게 하는 감수성sensitivity과 더불어 살아 있고 주의 깊고 명확하고 감각적인 가슴과 머리를 지니게 될 테니까요. 걷잡을 수 없이 행동에 뛰어들 때도 있을 것이고, 뒤로 물러서서 스스로 자제할 경우도 있을 것입니다. 누구를 무시할 때가 있는가 하면 그에게 필요한 관심을 보여줄 때도 있겠지요. 부드럽고 온유하게 사람을 대할 경우도 있지만 딱딱하게 가차 없이, 심지어 난폭하게, 대할 경우도 있을 것입니다. 깨어 있음에서 솟아나는 사랑은 기대 밖의 여러 형태로 나타나고, 조립된 지침이나 원리가 아닌 지금 여기의 구체적 현실에 반응하기 때문이지요. 이렇게 깨어 있는 감수성을 처음 경험할 때 당신은 두려움을 느끼기 쉽습니다. 모든 방어벽이 무너지고 당신의 정직하지 못함이 노출되며 당신을 에워싼 울타리들이 불에 타버릴 테니까요.

가난한 사람들이 비참하게 살아가는 모습을 두 눈으로

목격한 부자들, 자기가 짓밟고 있는 인민의 참상을 제대로 보게 된 권력에 굶주린 독재자, 그토록 확고부동하게 믿어 온 것들이 모두 거짓이었음을 알아버린 광신자, 저들에게 닥치는 공포를 생각해보십시오. 또한, 자기가 사랑하는 것이 사랑하는 사람이 아니라 그에 대한 자신의 생각과 상상임을 깨달은 연인이 맛보게 될 공포를 생각해보십시오. 무엇을 있는 그대로 보는 게 사람이 할 수 있는 가장 아프고 가장 겁나는 행위라고 말하는 이유가 여기에 있는 것입니다. 하지만, 대상을 있는 그대로 보는 바로 여기에서 사랑love이 움터 나옵니다. 아니, 좀더 분명하게 말하자면, 있는 그대로 대상을 보는 바로 그것이 사랑Love이에요.

일단 이렇게 대상을 보기 시작하면 그 감수성은 당신을 이끌어, 당신이 보기로 선택한 사물들뿐만 아니라 다른 모든 것에 깨어 있도록 할 것입니다. 그렇게 되면 당신의 가련한 에고는 그 감수성을 무디게 만들려고 필사적으로 노력하겠지요. 저를 보호해줄 방어벽이 무너져 아무 붙잡을 것이 없는 처량한 신세가 될 테니까요. 그래도 계속 밀고 나가면 마침내 당신의 죽음이 닥칠 것입니다. 사랑한다는 게 이토록 끔찍하게 무서운 일인 까닭이 바로 여기에 있어요. 사랑하는 것은 보는 것이요 보는 것은 곧 죽는to love is to see and to see is to die이니까요. 하지만 그것은 이 세상에서 맛볼 수 있는 가장 기쁘고 흥분되는 경험이기도 합니다. 에고의 죽음 안에 자유가 있고 평화가 있고 기쁨이 있고 안녕이 있기 때문이지요.

정말로 사랑하기를 원한다면 곧장 보기 훈련에 들어가십시오. 진지하게 훈련에 임하여, 싫은 사람을 보되 그에 대한 당신의 선입견 또한 제대로 보세요. 붙잡고 있는 사람이나 붙잡고 있는 물건을 보되 집착에서 오는 괴로움과 무익함과 부자유함을 아울러 보고, 사람들의 얼굴과 행동을 사랑하는 마음으로 오래 들여다보십시오. 시간을 내어 대자연의 품에 안겨서 날아오르는 새, 피어나는 꽃, 돋는 달, 티끌로 돌아가는 마른 낙엽, 흐르는 강물, 산등성 실루엣을 눈여겨보세요. 이렇게 하는 사이 당신 가슴의 단단한 방어벽이 물러지다가 마침내 녹아내리고 당신 가슴은 예리한 감수성과 책임감으로 살아날 것입니다. 당신 눈의 어둠 또한 물러나고 눈빛은 밝아져서 사물을 꿰뚫고 드디어 당신은 사랑이 무엇인지를 알게 될 거예요.

기도의 산

예수께서는 곧 제자들을 재촉하여 배를 태워 건너편으로 먼저 가게 하시고 그동안에 군중을 돌려보내셨다. 군중을 보내신 뒤에 조용히 기도하시려고 산으로 올라가셔서 날이 저물었는데도 거기 혼자 계셨다. -마태오복음 14, 22-23

 당신 홀로일 때에만 누구를 사랑할 수 있다는 생각, 해본 적 있나요? 사랑한다는 게 무엇입니까? 그것은 사람이나 사물이나 상황을 그것이 어떠했으면 좋겠다는 당신의 생각 없이, 있는 그대로 보고, 마땅하게 반응하는 것을 뜻합니다. 당신은 보지 않는 것을 사랑할 수 없습니다.

 무엇이 당신을 훼방하여 대상을 있는 그대로 보지 못하게 하나요? 당신의 개념과 범주, 편견과 선입견, 요구와 집착, 당신의 처지와 지난날 경험이 만들어낸 찌꺼들이지요.

대상을 있는 그대로 보는 것이야말로 사람이 할 수 있는 가장 어렵고 힘든 일입니다. 오랜 수련으로 매순간 깨어 있어야 가능한 일이거든요. 대부분 사람들은 현재 순간의 신선한 눈으로 사람과 사물을 새롭게 보려고 노력하느니 차라리 정신적 타성에 젖어 사는 쪽을 택합니다.

무엇을 보기 위하여 자신의 조건들을 놓아버리는 것만도 충분히 어렵습니다만, 거기에 덧붙여 더욱 고통스런 과제가 요구됩니다. 그것은 당신을 누르고 있는 사회의 통제를 벗어던지는 일이에요. 그 예민한 촉수가 당신의 골수에까지 침투해 있는 사회의 통제를 벗어난다는 것은, 당신 자신을 사회에서 떼어내는 것과 같습니다.

이를 이해하기 위하여, 어려서부터 마약 맛을 보게 된 아이를 상상해보십시오. 약물이 몸에 침투되면서 아이는 결국 중독이 되고 온몸의 세포들이 약을 달라고 아우성을 칩니다. 그런 아이에게, 약을 끊는 것은 당장 죽는 것만큼이나 견딜 수 없는 고문이지요.

바로 이 짓을 사회가 어린 당신에게 한 것입니다. 당신은 마음 놓고 하고 싶은 일을 하거나 놀고 싶을 때 놀거나 사람들을 사귀며 감각의 쾌락을 좇지 못하도록, 그리하여 인생의 단단하고 영양가 있는 음식을 즐기지 못하도록, 통제받으며 자랐어요. 그러면서 칭찬, 인정, 성공, 명망, 권력이라는 이름의 약물이 투여되었습니다. 그 맛에 길들여지면서 당신은 중독이 되었고 그 맛을 잃을까봐 전전긍긍하게 되었지요. 실패나 실수, 남들의 비난이나 비판 따위의 조짐만 보여도 당신은 공포를 느낍니다. 그리하여 비열하게 사람들 눈치를 보면서 자신의 자유를 잃어버렸지요. 바야흐로, 당신을 행복하게 하거나 불행하게 만들 힘이 다른 사람들 손에 넘어간 것입니다. 게다가, 이제 와서 그것이 가져다주는 괴로움이 싫어 떨쳐버리려고 하지만, 완벽하게 속수무책인 당신 자신을 발견할 따름이지요. 의식적으로나 무의식적으로 남들의 반응에 자신을 조율하지 않고, 그들의 요구에 발맞추어 걷지 않는, 그런 순간이 일분일초도 없는 거예요. 사회의 무시를 당하거나 비난을 받게 되면 당신은 견딜 수 없는 외로움을 느끼고 지지, 격려, 재확인이라는 이름의 위안을 구걸하기 위하여 사람들한테로 기어갑니다. 계속 이런 상태로 사람들과 더불어 살아가는 것은 끊임없는 긴장을 유발하지만, 그러나 그들 없이 살려면 외로움의 고뇌를 껴안아야 하지요. 당신이 사람들을 있는 그대로 보아 마땅하게 대응하지 못하는 것은 그들을 보는 당신 눈이 약물중독으로 흐려져 있기 때문이에요.

이 모든 일의 결과는 무섭기도 하거니와 피할 수가 없습니다. 결국 당신은 그 누구도, 그 무엇도 사랑할 수 없게 되었어요. 이제라도 사랑하고 싶으면 다시 보는 것을 배워야 합니다. 그리고 다시 보는 것을 배우려면 약물부터 끊어야 해요. 골수에까지 박혀있는 사회의 뿌리를 당신 몸에서 뽑아버려야 합니다. 여태까지의 당신이 없어져야 한단 말입니다. 그렇게 되면, 겉으로야 모든 것이 전과 다름없이 진행되고 당신 또한 여전히 같은 세상에 존재하지만 그러나 더 이상 당신은 세상에 속한 존재가 아닙니다. 당신 중심 안에서 마침내 자유롭게 되고 완벽한 홀로가 된 거예요. 바로 이 철저한 홀로 있기 utter solitude 속에서 남에 대한 당신의 의존과 욕망이 죽고 사랑의 능력이 태어나는 것입니다. 이제 당신은 다른 사람들을 당신의 집착과 탐닉을 유지하기 위한 수단으로 보지 않습니다.

이것을 시도해본 사람만이 그 과정의 두려움을 알지요. 그것은 당신 자신을 죽음으로 초대하는 것과 같습니다. 마치 가련한 약물 중독자에게 그가 알고 있는 유일한 행복을 포기하고 그 빈자리를 빵과 과일과 신선한 아침 공기와 계곡의 달콤한 물로 채우라고 하는 것과 같지요. 이제 그는 약물이 끊어진 상태에서 겪어야 하는 허탈함과 어지러운 명연 현상을 상대로 외로이 투쟁해야 합니다. 열에 들뜬 그에게는 약물만이 그 공백을 채워줄 수 있는 것처럼 보이지요. 사람들의 칭찬하는 말에 기뻐하기를 스스로 거부하고 다른 누구의 어깨에 기대지 않는 삶, 아무도 정서적으로 의존하지 않기에 더 이상 다른 누가 당신을 행복하게 또는 불행하게 만들지 못하는 삶, 당신이 자기한테 특별한 존재라고 말해주는 사람이 없고 당신도 그렇게 말해줄 사람이 없는 삶, 그런 삶을 상상할 수 있습니까? 공중의 새들도 둥지가 있고 들판의 여우들도 보금자리가 있는데, 평생토록 떠돌아다니면서 머리 둘 곳이 없는 그런 인생을 상상할 수 있어요?

이 상태에 도달하면 당신은 두려움이나 욕망 때문에 흐려지지 않은 맑은 눈으로 사람과 사물을 본다는 게 어떤 것인지를, 그리하여 사랑한다는 게 무엇인지를 마침내 알 것입니다. 그러나 그 사랑의 기슭에 이르기 위하여 당신은 죽음의 아픈 강을 건너야 합니다. 사람을 사랑한다는 것은 그에 대한 당신의 요구와 기대를 모두 죽이고 그리하여 철저하게 홀로 있어야만 할 수 있는 것이니까요.

어떻게 하면 그곳으로 갈 수 있을까요? 순간마다 깨어 있기, 약물 중독자에게 베푸는 것과 같은 무한 인내와 자비가 필요합니다. 성공과 실패에 마음 쓰지 않고 사람들이 알아주거나 말거나 칭찬하거나 비난하거나 당신이 하고 싶은 일에 전심전력을 기울이는 것도 도움이 될 거예요. 또한 저 대자연Nature으로 돌아가는 것도 도움이 될 것입니다. 사람들을 떠나보내고 산에 올라, 나무와 꽃과 짐승과 새들, 바다와 하늘과 구름과 별들과 더불어 말없이 통교하는 거예요. 거기엔 당신만 있어요. 곁에 아무도 없습니다. 처음에는 견디기 어려울 것 같지만, 그건 홀로 있기에 당신 몸이 오랫동안 익숙하지 않았기 때문이에요. 그래도 참고 얼마쯤 그 자리에 머물면, 황량한 사막이 갑자기 사랑의 꽃을 피워낼 것입니다. 당신 가슴에서는 노래가 솟구쳐 나오고, 영원한 봄날이 계속되는 거예요.

판단하지 말라

남을 판단하지 말라. 그러면 너희도 판단 받지 않을 것이다. -마태오복음 7. 1

당신의 사랑이 할 수 있는 가장 훌륭한 행위가 남을 섬기는 게 아니라 있는 그대로 보는 것이라는 생각은 술 취한 사람의 엉뚱한 망상이 아닙니다. 누구를 섬길 때 당신은 그를 돕고 지원하고 위로하고 아픔을 덜어주지요. 그 사람 내면에서 아름다움과 선함을 발견할 때 당신은 그를 변화시키고 새롭게 창조합니다.

당신을 좋아하고 당신에게 끌리는 사람들이 있나요? 그들 하나하나를, 전에 그들한테서 받은 인상이나 지식 따위 모두 지워버리고, 처음 보는 것처럼 그렇게 보십시오. 그에게 느껴지는 익숙함을 배제하고 새롭게 보세요. 익숙함이 상대방에 대하여 지루하게 하고 맥 빠지게 하고 눈멀게 하니까요. 당신은 신선하게 보이지 않는 것을 사랑할 수 없습니다. 상대한테서 끊임없이 새로움을 발견하지 않고서는 그를 사랑할 수가 없는 거예요.

같은 실험을 이번에는 당신이 싫어하는 사람들에게 해보십시오. 먼저, 그들에게 있는 싫은 점을 관찰하세요. 거리를 두고 떨어져서 편견을 갖지 말고 그들의 결함이 어떤 것인지 연구해보십시오. 이 말은 쉽게 교만하다, 게으르다, 이기적이다, 고집스럽다 따위 찌지를 사용하지 말라는 겁니다. 찌지를 사용하는 것은 정신적인 게으름이에요. 사람에게 찌지를 붙이는 것이 너무나 쉽기 때문입니다. 어떤 사람의 독특한 점을 있는 그대로 본다는 것은 어렵지만 한번 해볼 만한 일이지요.

그 결함들을 임상적으로clinically 연구해야 합니다. 객관성을 확실하게 유지해야 한다는 말이에요. 당신이 결함이라고 보는 것들이 전혀 결함이 아니고, 당신이 어떤 경험이나 편견 때문에 좋지 않게 보는 것일 수 있다는 사실을 유넘하십시오. 그런데도 역시 결함으로 보이거든, 그 결함이 어린 시절의 경험이나 지난날의 상황 또는 잘못된 생각과 인식에서 비롯된 것임을, 무엇보다도 그것이 앙심이나 나쁜 의도가 아니라 깨치지 못한 데서 온 결과임을 이해하십시오. 이렇게 할 때 당신의 태도는 사랑과 용서로 바뀔 것입니다. 관찰하고 지켜보고 이해하는 것이 곧 용서하는 것이니까요.

이렇게 그 사람의 결함을 연구했으면 이번에는 당신이 그를 싫어하는 바람에 보지 못했던, 그의 숨겨진 보물들을 찾아보십시오. 이 작업을 하면서 당신한테 일어나는 태도나 느낌의 변화를 관찰하세요. 그를 싫어하는 마음이 당신 눈을 가려 그것들을 보지 못하게 한 것이니까요.

이제 당신이 함께 살면서 일하는 모든 사람들에게로 눈길을 돌려, 이런 방식으로 볼 때 그들 하나하나가 어떻게 달리 보이는지를 관찰하십시오. 이렇게 그들을 있는 그대로 보는 것 자체가 그들을 섬기는 어떤 행위보다도 사랑스런 선물이 됩니다. 이런 식으로 당신이 그들을 변화시킬 때, 당신 마음 안에서 그들을 창조할 때, 그리하여 그들과 당신 사이에 새로운 관계를 형성할 때, 그때 그들은 실제로 변화

될 것입니다.

   끝으로, 같은 선물을 이번에는 당신 자신에게 주십시오. 남들에게 그럴 수 있었으니까 별로 어렵지 않을 거예요. 같은 과정을 밟으십시오. 어떤 결함도, 어떤 노이로제도, 심판하거나 비난해서는 안 됩니다. 당신이 남을 심판하지 않았으니, 당신도 심판받지 않는 것에 깜짝 놀랄 거예요. 당신의 결함들이 설명되고 연구되고 분석되어 마침내 사랑과 용서를 가져다주는 깊은 이해에 닿게 되면, 당신 안에서 일어나는 이상하게 사랑하는 태도로 말미암아 변화되어 있는 당신을 기쁨으로 발견할 것입니다.

눈을 뽑아버려라

손이 죄를 짓게 하거든 그 손을 찍어버려라. 두 손을 가지고 꺼지지 않는 지옥의 불 속에 들어가는 것보다는 불구의 몸이 되더라도 영원한 생명에 들어가는 편이 나을 것이다. …… 또 눈이 죄를 짓게 하거든 그 눈을 빼어버려라. 두 눈을 가지고 지옥에 들어가는 것보다는 애꾸눈이 되더라도 영원한 생명에 들어가는 편이 나을 것이다. -마르코복음 9, 43-45

눈먼 사람들과 함께 무엇을 할 때 우리는 우리가 전혀 모르는 세계를 그들이 알고 있다는 사실에 놀라게 됩니다. 손으로 만지고 코로 냄새 맡고 혀로 맛보고 귀로 듣는 그들의 감각이 너무나 섬세하고 정확해서 오히려 우리가 둔한 살덩어리처럼 느껴지지요. 우리는 시력 잃은 사람들을 불쌍하게 여깁니다만 그러나 그들의 다른 감각들이 제공하는 풍부한 정보에 대하여는 거의 아는 게 없습니다. 그 풍부한 정보들을 시력 상실이라는 값을 치르고 얻게 된 것은 매우

안타까운 일이지만, 우리가 눈을 잃지 않고서도 그들만큼 예민한 감각으로 세계를 알 수 있으리라는 점은 충분히 가능성 있는 얘기입니다. 하지만, '애착'이라고 불리는 당신의 심리적 지체肢體를 잘라버리거나 뽑아버리지 않고서 사랑의 세계에 깨어난다는 것은 있을 수 없는 일이요 생각조차 할 수 없는 일입니다.

이 일을 거절한다면, 당신은 우리 인생에 의미를 주는 유일한 물건인 사랑을 끝내 경험하지 못할 것입니다. 사랑이야말로 한결같은 기쁨과 평화와 자유로 가는 패스포드니까요. 그리로 들어가지 못하게 가로막는 유일한 장애가 있는데 그 이름은 애착attachment입니다. 그것은 움켜잡고 싶은 마음을 내게 하고, 손을 내밀어 움켜잡게 하고, 그것을 움켜잡아 내 것으로 만들고, 그것을 잃지 않으려고 애쓰게 만드는, 탐욕스런 눈으로 말미암아 생겨나지요. 사랑이 태어나게 하기 위해서 뽑아버려야 할 눈이 바로 이 눈이고, 잘라버려야 할 손이 바로 이 손입니다. 그렇게 손이 잘려져 나간 손목으로 당신은 아무것도 잡을 수 없고, 뽑혀진 눈의 텅 빈 눈자위로 전에 그런 것이 있으리라고 생각조차 못했던 실재들을 갑자기 보게 될 것입니다.

이제 드디어 당신은 사랑을 할 수 있게 됐군요. 여태까지 당신이 해온 것은 친절을 베풀고 은혜를 끼치고 누군가를 관심하고 동정하는 일이었지요. 그것을 당신은 사랑인 줄 알았던 겁니다. 물론, 사랑이 아니라고는 할 수 없겠지만, 그것은 저 태양 앞에 놓인 깜박거리는 촛불처럼, 참 사랑의 지극히 작은 모습들일 뿐입니다.

무엇이 사랑입니까? 사랑은 당신 안팎의 모든 현실을 민감하게 받아들이고 그 현실에 옹근 몸과 마음으로 응하는 것입니다. 눈앞에 벌어지는 현실을 껴안을 때도 있고 공격할 때도 있고 무시할 때도 있고 정신을 집중하여 바라볼 때도 있겠지만, 그러나 당신은 언제나 필요에 의해서가 아니라 깨어 있는 의식에 의하여 그런 반응을 보이게 될 거예요.

그러면 무엇이 애착입니까? 당신의 감수성sensitivity을 무디게 하는, 무엇인가 부족하다는 생각과 그 부분을 채워줄 것으로 여겨지는 것들에 대한 집착, 당신의 인식을 흐리게 하는 마약이 그것이지요. 당신이 어떤 사물이나 사람에게 조금이라도 집착하는 한 당신에게서 사랑이 태어날 수 없는 까닭이 바로 여기 있습니다. 사랑은 대상을 있는 그대로 받아들이는 감수성이고, 감수성이란 아주 조금만 손상되어도 전체가 깨어지고 마는 물건이거든요. 레이더의 부품 하나가 망가지면 송수신에 장애가 있듯이 그렇게 작은 집착 하나가 당신의 인식과 반응을 망가뜨리는 겁니다.

결함이 있는 사랑, 모자란 사랑 또는 부분적인 사랑 따위는 본디 없는 사랑이에요. 사랑은, 감수성처럼, 전체가 옹글게 있든지 아니면 아예 없는 것입니다. 그러므로 애착을 완전히 여읜 사람만이 사랑이라는 이름으로 불리는 영적 자유의 무한 지대에 들어갈 수 있습니다. 그때 비로소 그 사람은 자유롭게 보고 자유롭게 반응하지요. 하지만 이 자유를, 집착의 단계를 통과하지 않은 사람들의 무관심과 혼동해서는 아니 됩니다. 어떻게 자기에게 있지도 않은 손을 자르거나 눈을 뽑을 수 있겠어요? 많은 사람이 사랑인 줄로 잘못 알고 있는 (자기가 아무에게도 집착하지 않으니까 모두를 사랑한다고 생각하는 거죠.) 이 '무관심'은 감수성이 아니라 착각이나 습관화된 포기로 말미암아 무뎌지고 굳어진 가슴입니다.

아닙니다. 그렇지 않아요. 사랑의 땅에 도달하기 위하여 사람은 폭풍이라는 집착의 바다를 무릅써야 합니다. 전혀 항해를 하지 않고서 자기가 건너편 기슭에 이르렀다고 확신하는 사람이 있더군요. 사람은 그것들을 칼로 자르거나 뽑아버리기 전에, 그리하여 사랑의 세계에 눈을 뜨게 되기 전에, 손발을 멀쩡하게 쓸 수 있고 두 눈으로 선명하게 볼 수 있어야 합니다. 그리고 잘못 생각하지 마십시오. 그 일은 오직 폭력violence을 통해서만 이루어집니다. 폭력만이 그 나라를 획득합니다.

왜 폭력이냐고요? 우리 몸이, 저 하고 싶은 대로 하게 내버려두면, 결코 사랑을 생산하지 못할 뿐 아니라 무엇에 매력을 느끼고, 매력은 쾌락을 부르고, 쾌락은 집착을, 집착은 만족을, 만족은 싫증과 지루함을 부를 따름이기 때문입니다. 그렇게 되면 다시 원점이지요. 매력, 쾌락, 집착, 만족, 싫증의 고단한 동그라미가 그렇게 해서 끝없이 돌아가는 거예요. 그리고 그것들 속에 근심걱정, 질투, 소유욕, 슬픔, 고통 따위가 범벅이 되어 고단한 동그라미를 고단한 인생청룡열차로 만드는 겁니다.

이렇게 고단한 동그라미를 돌고 또 돌다보면 마침내 충분히 돌았으므로 돌고 싶지 않은 때가 오게 마련이지요. 그런데 공교롭게도 당신 눈을 끌어당기는 사물이나 사람이 없게 되면, 드디어 깨어지기 쉬운 평화를 맛보는 것입니다.

하지만 주의하십시오. 그것을 자유와 혼동하여, 참으로 자유를 누리고 사랑을 한다는 게 무엇인지 모른 채 죽을 수가 있습니다.

아닙니다. 그건 아니에요. 정말로 고단한 동그라미에서 벗어나 참 사랑의 세계에 들어가려면, 당신의 애착에 질렸을 때가 아니라, 당신의 애착이 시퍼렇게 살아 있는 동안에 요절을 내야 합니다. 그리고 그것을 포기의 칼이 아니라 깨달음의 칼로 요절내야 해요. 포기의 칼로 자르면 애착을 더욱 강화시킬 따름이니까요.

당신이 깨쳐야 할 게 무엇일까요? 세 가지 진실입니다. 첫째, 당신으로 하여금 엎치락뒤치락하면서 오르내리게 하고, 때로는 짜릿한 쾌감도 맛보게 하고, 걱정과 절망의 소용돌이를 맴돌게 하다가 결국은 모든 것에 대한 싫증으로 이끌어가는 마약이 당신에게 가져다주는 괴로움을 알아야 합니다. 둘째, 바로 그 마약이 당신으로 하여금 사는 동안에 만나는 모든 사물과 모든 순간을 자유롭게 사랑하고 즐기지 못하도록 당신을 속이고 있음을 알아야 해요. 셋째, 당신의 중독과 고정관념 때문에 당신이 집착하고 있는 대상을, 그것은 본디 아름다운 것도 값진 것도 아닌데, 아름답고 값진 것으로 여기고 있는 것임을 알아야 합니다. 당신을 그토록 반하게 만든 것은, 당신 애인이나 당신이 좋아하는 물건에 있지 않고, 당신 머릿속에 있는 거예요. 이를 제대로 보고 깨달음의 칼로 그 주술呪術을 무찌르십시오.

흔히들, 자기가 사랑받고 있음을 깊이 느낄 때 남을 사랑할 수 있게 된다고 말합니다. 그렇지 않아요. 사랑에 빠져버린 사람은 사랑에 취해서가 아니라 유포리아(euporia, 마약에 의한 도취)에 취해서 바깥세상으로 나갑니다. 그에게 세상은 유포리아의 효력이 바닥나면 같이 사라질 장밋빛 그림자지요. 그가 '사랑'이라는 이름으로 부르는 것은 실재에 대한 밝은 인식에서가 아니라 자기가 누군가에게 사랑을 받고 있다는, 그것이 진실이든 거짓이든 간에, 근거 없는 확신에서 나오는 것입니다. 이 확신이야말로 깨어지기 쉬운 항아리처럼 위태로운 물건이지요. 본디부터 갈팡질팡 변덕스러운 믿지 못할 인간들 위에 기초를 둔 확신이니까요. 그들은 언제든지 스위치를 돌려 당신의 유포리아를 꺼버릴 수 있는 그런 사람들입니다. 이 길을 걷는 사람이 어디를 가든지 불안한 조바심을 맛보게 되는 것은 하나도 이상한 일이 아니올시다. (당신을 향한 누군가의 사랑 때문에 바같세상으로 나갈 경우, 당신은 실재에 대한 자각自覺이 아니라 다른 사람한테서 받는 사랑으로 흥분되어 있는 것이다. 당신 아닌 다른 누가 스위치를 잡고 있는데 그가 스위치를 꺼버리면 당신의 흥분도 따라서 사라진다는 얘기다.)

깨달음의 칼을 써서 애착을 끊고 사랑으로 들어갈 때, 마음에 간직해야 할 것이 하나 있습니다. 자신을 너무 다그치거나 급하게 밀어붙이거나 미워하는 일이 없도록 하십시오. 그런 태도에서 어떻게 사랑이 나올 수 있겠습니까? 끝없는 자비심과 수술하는 외과의사의 냉정한 판단력으로 자신과 세상을 대해야 합니다. 그때 비로소 당신은 마음에 끌리는 상대를 자유롭게 사랑하며 그 사랑을 전보다 더욱 즐길 수 있게 될 것이고, 동시에, 다른 모든 사물과 사람들도 똑같이 사랑하는 놀라운 경지에 들어갈 것입니다.

이것이, 당신이 정말 제대로 된 사랑을 하고 있는 건지를 알아보는 리트머스 시험지입니다. 이제 당신은 대상에 애착하던 때와 다름없이 모든 사물과 모든 사람을 즐기게 되었어요. 다만, 더 이상 짜릿한 쾌감thrill에 끌리지 않게 되고 따라서 더 이상 고통과 초조함을 맛보지 않게 된 것입니다. 실제로 당신은 모든 것을 즐기면서 아무것도 즐기지 않는

다고 말할 수 있습니다. 어떤 사물이나 사람한테서 맛보는 즐거움이 그 사물이나 사람한테 있는 게 아니라 당신 안에 있다는 진실을 드디어 발견했기 때문입니다. 오케스트라는 당신 안에 있고 당신은 그것을 어디든지 품고 다닙니다. 당신이 만나는 사물과 사람들은 그 오케스트라가 어떤 멜로디를 연주할 것인지를 결정하는 데 작용할 따름이지요. 눈길을 끄는 사람이나 사물이 없을 때에는 오케스트라가 자신의 곡을 연주할 것입니다. 바깥에서 자극을 받아야 할 필요가 없는 거예요. 이제 당신은 아무도 당신 안에 넣어줄 수 없고 따라서 아무도 가져갈 수 없는 행복을 가슴에 안고서 살게 되었습니다.

테스트할 것이 한 가지 더 남아 있어요. 당신은 지금 뚜렷한 이유 없이 모든 것을 사랑합니다. 이 사랑이 지속될까요? 그건 아무도 보장 못하지요. 사랑이란, 조각으로 쪼개지지 않는 것이긴 하지만, 일정한 기간 동안에만 지속될 수도 있는 것이니까요. 당신의 마음이 깨어 있느냐 아니면 잠들어 있느냐에 따라서 사랑은 오기도 하고 가기도 합니다. 하지만, 일단 한 번 참 사랑의 맛을 본 사람이라면, 자신의 인생을 과연 살 만한 것으로 만들어 줄 그 유일한 물건을 얻기 위하여 어떤 값도 비싸다고 하지 않을 것이며 어떤 희생도, 눈을 뽑거나 손을 자르는 일까지도, 마다지 않을 것이라는 사실, 이것 하나만큼은 분명합니다.

아픔과 은총

그리스도는 영광을 차지하기 전에 그런 고난을 겪어야 하는 것이 아니냐? -루가복음 24, 26

당신이 겪은 고통스런 사건들을 생각해보십시오. 그것들 가운데 얼마나 많은 일들에 대하여, 그로 말미암아 당신이 변화되고 성숙된 것에 대하여, 고맙게 생각하십니까? 많은 사람이 미처 모르고 있는 단순한 진실이 여기에 있습니다. 행복한 일들은 당신 인생을 즐겁게 하지만 그러나 당신을 이끌어 자기-발견과 성숙과 해방으로 데려가지는 않습니다. 그런 역할은 당신을 아프게 한 일들, 사람들, 상황들이 맡아서 하게 되어 있어요.

모든 고통스런 일들 속에 성숙과 해방의 씨앗이 들어 있습니다. 이 사실을 염두에 두고, 당신의 먼 과거로 돌아가, 도저히 고맙게 여겨지지 않는 사건이나 사람들을 떠올려보십시오. 그리고 그것들 속에 들어 있었지만 미처 당신이 찾아내지 못하여 결국 혜택을 입지 못한 성숙의 씨앗이 아직 남아 있는지 찾아보세요. 이제는 최근에 있었던 일들 가운데 당신을 아프게 하고 그래서 좋지 못한 감정을 품게 만든 사건이나 사람들을 생각해보십시오. 당신에게 그런 감정을 일으키게 한 사람은, 그가 누구든 간에, 당신의 선생입니다. 왜냐하면 그가 그러지 않았으면 끝내 보지 못했을 당신의 참모습을 드러내 보여주었으니까요. 그렇게 그 사람은 당신을 자기-발견으로 초대하여 성숙한 인생과 자유를 누릴 수 있도록 협조한 것입니다.

　이제, 그 일로 말미암아 당신 안에서 일어난 좋지 않은 느낌들을 살펴보십시오. 불안하거나 초조했나요? 샘이 나거나 화가 났나요? 아니면 죄의식에 시달렸습니까? 그 느낌들이 당신 자신에 관하여, 당신의 가치관이나 세계와 인생을 보는 방식에 대하여, 무엇보다도 당신 머리에 입력된 프로그램에 대하여, 무슨 말을 하고 있나요? 그걸 제대로 알아차리면 당신은 여태껏 붙잡고 있던 몇 가지 미망未忘들을 떨쳐버리고, 잘못된 인식이나 그릇된 신조들을 바로잡거나, 당신을 괴롭히는 것이 바깥 현상들이 아니라 바로 당신의 머리에 입력되어 있는 프로그램이라는 사실을 깨달음으로써 괜한 고통으로부터 벗어나는 법을 배울 것입니다. 그때 당신은 문득 당신을 힘들게 했던 사람이나 사건들에 대하여 고마운 마음을 품게 될 거예요.

자, 이왕 여기까지 왔으니 한 걸음 더 나아가봅시다. 당신이 스스로 좋아하지 않는 당신 자신의 생각이나 느낌이나 말이나 행동을 자세히 살펴보는 겁니다. 당신의 나쁜 감정들, 단점들, 장애들, 당신의 허물들, 집착들, 신경질에, 좋습니다, 당신이 저지른 범죄들까지 모두 살펴보십시오. 그 모든 것들이 당신의 발전을 위하여 없어서는 안 될 요소들이며, 당신과 당신이 아는 다른 사람들에게 성숙과 은총을 가져다주기 위하여 필요한 것임을 알겠습니까? 그리고 당신이 누구에게 아픔을 주거나 좋지 않은 느낌을 줄 때에도, 그렇게 함으로써 그로 하여금 자기를 발견하고 성숙할 수 있도록 도와주는 것임을 알 수 있겠어요? 이렇게, 당신을 아프게 한 어떤 사람이나 사건이 당신과 세상에 참된 성숙과 자유를 가져다주는 행복한 허물happy fault이요 필요한 죄necessary sin임을 알아볼 수 있겠습니까?

그럴 수만 있다면, 당신은 평화와 감사와 사랑으로 충만해져서 당신에게 일어나는 모든 일을, 그것이 어떤 일이든, 기꺼이 받아들이게 될 것이며 많은 사람이 찾아 헤매지만 발견하지 못한 것, 곧 모든 사람 가슴속 깊이 숨어 있는 평정平靜과 기쁨의 샘터를 찾아낼 것입니다.

세상에 불을 지르다

나는 이 세상에 불을 지르러 왔다. 이 불이 이미 타올랐다면 얼마나 좋았겠느냐? -루가복음 12, 49

행복한 게 어떤 건지 알고 싶으면 꽃과 새와 아이들을 보십시오. 그들이야말로 하느님 나라의 완벽한 주인공들입니다. 과거도 미래도 없이, 순간에서 순간으로, 영원한 오늘을 살고 있으니까요. 그래서 그들은 사람을 그토록 힘들게 하는 죄의식과 염려를 모른 채 삶의 완벽한 기쁨으로 충만하여, 사물이나 사람 안에서보다 인생 자체 안에서 즐거움을 만끽하지요. 당신의 행복이 바깥에 있는 어떤 사물이나 사람들로 말미암거나 그것들에 의하여 유지된다면, 그렇다면 아직 당신은 죽음의 땅에 머물러 있는 것입니다. 아무 이유 없이 괜히 행복한 날, 모든 것을 즐기면서 아무것도 즐기지 않는(taking delight in everything and in nothing, 일체一切와 무無에서 즐거워하는) 당신을 발견하는 날, 비로소 당신은 하느님 나라라고 불리는 끝없는 기쁨의 땅에 들어섰음을 스스로 알게 될 것입니다.

그 나라를 찾는 것은 세상에서 가장 쉬운 일이면서 가장 어려운 일이지요. 쉬운 까닭은 그것이 당신 주변과 당신 안에 있어서 언제든지 손을 벋어 잡을 수 있기 때문이고, 어려운 까닭은 그 나라를 잡으려면 다른 어떤 것도 잡아서는 안 되기 때문입니다. 무슨 말이냐 하면, 어떤 사물이나 사람도 기대지 말고 당신을 흥분시키거나 열광시키거나 안심시킬 힘을 그들한테서 영원히 몰수해야 한다는 거예요. 그러기 위해서는 먼저 당신이 속해 있는 종교나 문화가 가르친 것과 달리, 그 무엇도 당신을 행복하게 해줄 수 없다는 간단하고 파괴적인 진실을 분명하고 과감하게 직시해야 합니다. 이 진실을 깨치는 순간 당신은 이 일에서 저 일로, 이 친구에서 저 친구로, 이 수련장에서 저 수련장으로, 이 구루(스승)에서 저 구루로 옮겨 다니는 일을 그만두게 될 것입니다. 이들 가운데 그 어느 것도 당신에게 진정한 행복을 안겨줄 수 없습니다. 그것들이 당신에게 줄 수 있는 것은 일시적인 흥분과 강렬하게 불타오르다가 이내 꺼져버리는 쾌감이 전부예요. 그러다가 그것을 잃으면 괴로워지고 그것을 계속 유지하면 지루해지는 거지요.

지난날 당신을 그토록 열광시키던 헤아릴 수 없이 많은 사람들과 사물들을 생각해보십시오. 모두들 어찌 되었나요? 예외 없이 모두가 당신에게 고통 또는 지루함을 안겨주고 사라졌을 거예요. 안 그렇습니까? 이 진실을 아는 게 매우 중요합니다. 왜냐하면 이 사실을 제대로 알기까지는 진정한 기쁨의 나라를 찾고자 하는 마음조차 일지 않을 테니까요. 많은 사람이 거듭되는 좌절과 슬픔으로 고통을 겪기 전에는 이 진실을 알 준비가 되어 있지 않습니다. 그저 밥그릇을 들고서 애정과 칭찬과 안심과 능력과 명예와 성공을 구걸하며 다른 피조물들의 문을 두드리고 돌아다닐 뿐이지요. 이는 행복이 그것들 안에 있지 않다는 진실을 스스로 알려고 하지 않기 때문입니다.

당신 중심을 들여다보면, 당신으로 하여금 깨달음을 얻을 수 있게 해줄 무엇이 거기 있음을 발견할 것입니다. 불만discontent과 각성disenchantment의 불꽃이 그것이에요. 그것이 일단 부채질을 받으면 맹렬한 산불처럼 일어나 당신의 환각세계illusory world를 모두 태워버리고 그리하여 당신의 어리둥절한 눈앞에서, 당신이 그 안에 살면서도 실감하지 못했던 하느님 나라의 베일을 벗겨줄 것입니다. 당신은 삶에 넌더리를 내본 적이 있나요? 끝없는 불안과 근심 걱정에 시달리는 마음 때문에 병을 앓아봤습니까? 여기저기 구걸하러 다니느라고 지치거나, 당신의 집착과 중독에 속절없이 끌려 다니다가 탈진한 적이 있나요? 직장을 찾아 헤매고, 승진을 위해 밤낮으로 뛰고, 그러면서 지루하고 시시한 일상에 잠겨드는 지독한 '의미 없음'에 몸서리를 친 적이 있습니까? 그렇다면 당신 안에 이미 불만과 각성의 불꽃이 일어난 것입니다. 이제 그 불꽃이 다람쥐 쳇바퀴 같은 일상의 자질구레한 일들에 밟혀 꺼지기 전에 부채질을 하여 일으킬 때입니다. 지금이야말로 벌떡 일어나 당신 삶을 성찰하고 모든 걸림돌을 무릅쓰고서 당신 안에 일어난 그 불꽃들을 더욱 키워야 하는 '거룩한 절기'the Holy Season인 것입니다.

바야흐로 당신 바깥에 있는 그 무엇도 당신에게 진정한

기쁨을 안겨줄 수 없다는 진실을 볼 때가 되었습니다. 그러나 동시에 당신은 한 가지 두려움이 당신 가슴에서 일어나는 것을 느낄 거예요. 그렇게 불만과 각성의 불꽃을 일으키면 그것이 격정으로 바뀌어 당신을 삼켜버리고 마침내 당신이 속한 문화와 종교가 소중하게 여기는 모든 것을 거스르게 하지 않을까, 당신이 세뇌된 대로 보고 생각하고 느끼는 방식들을 온통 뒤집어버리지 않을까, 하는 두려움이지요. 실제로 이 맹렬한 불길은 당신으로 하여금 타고 있는 배를 요동시키는 정도가 아니라 아예 재로 만들어버리게 할 것입니다. 갑자기 당신은 당신을 에워싼 사람들로부터 한없이 떨어져서 전혀 다른 세상에 살고 있는 당신을 보게 될 거예요. 그들이 소중하게 여기는 것들, 그들이 움켜잡으려고 애쓰는 권력, 명예, 안락한 주거 환경, 재물, 사람들의 인정을 받고 칭찬을 듣는 것 따위가 모두 악취를 풍기는 쓰레기로 보이니까요. 그것들을 보기만 해도 역겹고 욕지기가 나는 겁니다. 그리고 다른 사람들이 무서워서 피해 달아나는 것들이 당신한테는 더 이상 겁나는 물건이 아니지요. 당신은 마침내 숙취에서 깨어나 맨 정신이 되었고 겁 없는 자유인으로 되었습니다. 환각의 세계에서 나와 하느님 나라로 들어간 거예요.

이 신성한 불만divine discontent을, 간혹 사람들을 미치거나 자살하게 만드는 절망과 혼동하지 마십시오. 절망은 생명으로 이끄는 신비한 드라이브mystical drive가 아니라 자기 파멸로 이끄는 신경병적 드라이브neurotic drive입니다. 신성한 불만을 만사에 끝없이 투덜거리는 사람의 칭얼거림과 혼동하지 마세요. 그런 사람은, 감옥을 부수고 자유의 품으로 뛰어들어야 할 처지에 감방 시설의 개선을 위해 이리저리 분주하지만 결국은 덧없는 지루함에서 벗어나지 못하는 수인囚人과 같습니다.

대부분 사람들이 자신의 중심에서 소용돌이치는 이 불만과 각성의 불꽃을 느낄 때 거기서 도망을 치거나 더 많은 일과 사회 활동과 우정에 대한 갈증으로 자신을 마취시키거나 하지요. 아니면 사회운동, 문학, 음악 같은 이른바 창조적 가치가 있는 일에 굴을 파고 그리로 불만과 각성의 불길을 흐르게 하여 거기서 자기를 개선reform하려고 합니다. 사실 그에게 필요한 것은 개선이 아니라 반란revolt인데 말입니다. 이들은 매우 활발하게 움직이지만 실제로는 살아 있는 생명이 아니라 죽음의 땅에서 만족하며 살아가는 시체들입니다. 당신의 불만이 신성한 것인지 아닌지를 알아보려면 거기에 슬픔이나 비탄의 자취가 있는지를 보면 돼요. 그런 것이 전혀 없으면 당신의 불만은 신성한 불만입니다. 오히려, 비록 당신 가슴에 가끔 불안이 일어난다 하여도, 당신의 불만과 각성에는 언제나 기쁨 곧 그 나라의 기쁨이 따라옵니다.

여기 하느님 나라에 대한 비유가 하나 있어요. 그 나라는 밭에 감추어진 보물과 같습니다. 그것을 발견한 사람은 얼른 다시 묻어두고 가진 것을 기꺼이 다 팔아 그 밭을 사지요. 아직 그것을 찾지 못했거든 그것을 찾아 헤매느라고 아까운 시간 허비하지 마십시오. 발견될 수는 있지만 찾는다고 해서 찾아지는 게 아니니까요. 당신은 그 보물이 어떻게 생겼는지에 대하여 아무것도 모르지 않습니까? 당신이 잘 알고 있는 것은 지금 맛보고 있는 마춰된 행복뿐이에요. 그러면서 무얼 찾겠다는 겁니까? 어디서? 아닙니다. 그러지 마세요. 그러지 말고, 당신 가슴속에 있는 불만과 각성의 불꽃을 찾아 그것을 부채질하여 키우고 마침내 큰불이 되어서 당신이 알고 있는 세계를 잿더미로 만들게 하십시오.

젊은이, 늙은이 할 것 없이, 우리들 대부분이 만족하지 않는 이유는 뭐가 더 있어야겠다고 생각하기 때문입니다. 더 많이 알아야겠고, 더 좋은 직장이 있어야겠고, 더 좋은 차, 더 많은 봉급이 있어야 하겠으니까 그만큼 불만인 거예요. 우리의 불만은 '더 많이'에 대한 욕망에 그 기초를 두었습니다. 아무튼 뭔가 더 있어야 하니까 그래서 불만인 겁니다. '더 많이'에 대한 욕망이 우리로 하여금 명료하게 생각하지 못하도록 방해를 하지요. 우리가 불만을 터뜨릴 때마다 그 까닭은 무엇이 부족해서가 아니라 자기한테 무엇이 부족한지를 몰라서입니다. 직장이나 봉급 액수 또는 지위나 권력 따위에 만족하지 않는 것은 우리가 가지고 있는 것 또는 가질 수도 있는 것에 만족하지 않는 거예요. 만일 우리가 어떤 특별한 조건 때문에 불만을 품는 게 아니라 말 그대로 모든 것에 만족하지 않는다면, 그러면 바로 그 원초적 불만이 세상에 대한 명료한 시각을 우리에게 가져다줄 것입니다. 세상에 대하여 그냥 그대로 따라가는 대신 질문하고 탐구하고 침투해 들어가면 그곳에 명료한 시각과 기쁨을 주는 통찰insight이 있습니다.

당신이 느끼는 불만은 무엇이 충분히 없어서가 아니에요. 당신에게 돈이나 권력 또는 명예, 성공, 덕, 사랑, 거룩함 따위가 충분히 있지 않다고 생각하니까 만족할 수 없게 되는 겁니다. 이 불만은 하느님 나라의 기쁨으로 당신을 인도하는 그 불만이 아니에요. 그것의 뿌리는 탐욕과 야망이고 그 열매는 끝없는 불편과 좌절이지요. 무엇이 더 많이 없어서가 당신에게 무엇이 있어야 하는지를 몰라서 불만을 느끼게 되는 날, 그토록 오랜 세월 추구해온 모든 것에 대하여, 그리고 그것들을 추구한 당신 자신에 대하여 아픔을 느끼고 끙끙 앓게 되는 날, 그날 당신은 모든 것을 즐기면서 아무것도 즐기지 않는 놀라운 깨달음의 눈을 뜨게 될 것입니다.

들꽃을 보라

또 너희는 어찌하여 옷 걱정을 하느냐? 들꽃이 어떻게 자라는지 살펴보아라. 그것들은 수고도 하지 않고 길쌈도 하지 않는다. -마태오복음 6, 28

사람이면 누구나 불안한 느낌이 들 때가 있게 마련입니다. 통장에 남은 돈이 불안할 수도 있고, 친구나 애인의 애정이 식는 것 같아서 불안할 수도 있고, 학력이 짧은 게 불안할 수도 있고, 나이를 먹으면서 건강이 나빠지거나 용모에 자신이 없어서 불안해질 수도 있지요.

당신이 스스로에게 "도대체 무엇이 너를 불안하게 만드느냐?"고 묻는다면, 당신은 아마도 이렇게 대답할 것입니다. "친구한테서 충분한 사랑을 받지 못하고 있으니까." 또는 "필요한 학업을 모두 마치지 못했거든." 달리 말하면, 당신을 불안하게 만드는 것이 바깥에 있는 무엇이 아니라 당신 스스로 머리에 입력시킨 프로그램이라는 사실을 모르고서, 외부의 어떤 조건이나 상황을 가리킬 것이라는 얘기올시다. 따라서 그것은 잘못된 대답입니다.

당신이 만일 당신 머리에 입력된 프로그램을 바꾼다면 그 순간, 바깥 세계는 조금도 달라진 게 없어도, 당신의 불안감이 씻은 듯 사라질 것입니다. 어떤 사람은 은행에 잔고가 동이 났는데도 천하태평인데, 어떤 사람은 백만 달러를 가지고 있으면서도 불안해서 전전긍긍이지요. 이렇게 두 사람을 다르게 만든 것은 통장에 남은 돈의 액수가 아니라 그 머릿속에 입력되어 있는 프로그램의 내용입니다. 어떤 사람은 친구들이 별로 없는데 태연하게 살아가고 어떤 사람은 많은 친구들에 에워싸여 있으면서 친구를 잃을까봐 불안에 떱니다. 여기서도 두 사람을 다르게 만든 것은 친구들의 수가 아니라 머릿속 프로그램이에요.

엄습하는 불안감을 해소코자 한다면, 당신이 반드시 알아두어야 할 것들이 네 가지 있습니다.

첫째, 당신 바깥의 상황이나 형편을 바꿈으로써 불안감

을 해소하려는 것은 쓸데없는 시도입니다. 물론, 그렇게 해서 얼마쯤 성공할 수도 있긴 하지만, 대개는 실패하고 말지요. 어느 정도 안정을 가져다준다 해도, 그 안정이 결코 오래 지속되지 않습니다. 그러므로 용모를 가꾸거나 더 많은 돈을 벌거나 친구들의 관심과 사랑을 확보하기 위하여 시간과 정력을 소비하는 것은 결코 바람직한 일이 아닙니다.

둘째, 위의 사실은 당신으로 하여금 당신 내면에서 문제와 씨름하게 합니다. 거기가 문제의 진원지거든요. 지금 당신과 똑같은 상황에 있으면서 조금도 불안하지 않고 오히려 태연한 사람들을 보십시오. 세상에는 그런 사람들이 있습니다. 그러므로 문제는 당신 바깥 어디에 있는 게 아니라 당신 안에, 당신 머릿속의 생각에 있는 것입니다.

셋째, 당신 머릿속의 생각은 당신이 만든 것이 아니라, 당신이 어렸을 때 겁에 질린 모습을 보여주면서 이럴 경우엔 이렇게 반응하라고 가르쳐준 사람들이 만든 것입니다. 그래서 당신은 세상 일이 기대했던 대로 되지 않을 때 자동으로 불안한 느낌을 가지게 되지요. 또한 당신은 그 불안한 심사를 떨쳐버리고자 바깥 세계를 재조정하는 일에 있는 힘을 다 쏟아 붓습니다. 더 많은 돈을 벌고, 용모를 가꾸고,

친구들의 관심을 끌고자 애쓰고, 사람들을 기쁘게 해주려고 노력하는 거예요. 하지만 그렇게 할 필요도 없거니와 그렇게 해도 소용이 없다는 사실을 깨치고, 당신의 좋지 못한 느낌이 바깥에서 오는 것이 아니라 당신이 스스로 만든 것이라는 사실을 깨치면, 당신은 곧 문제와 거리를 두게 되면서 상당한 안정을 얻을 것입니다.

넷째, 장차 일어날는지 모르는 일로 불안해질 때마다, 지난 여섯 달 또는 일 년 동안 당신은 이런저런 일로 불안해하였지만 막상 그 일이 닥쳤을 때 어떻게든 감당할 수 있었다는 사실을 기억하십시오. 당신이 감사할 것은 그 특별한 순간들에 주어진 힘과 대처 방안에 대해서지, 당신을 쓸데없는 불안으로 오히려 약하게 만들었을 뿐인 사전事前의 격정에 대해서가 아닙니다. 그러니, 당신에게 이렇게 말하세요. "내일 일에 대하여 지금 여기서 할 수 있는 일이 있으면, 당장 하리라. 그리고 나서, 곧장 지금 이 순간으로 돌아와 즐기는 거다. 어떤 일이든지 아직 일어나기 전에는 겪을 수 없다는 사실을 그동안 경험으로 배우지 않았는가? 그리고 막상 일이 닥치면 그때마다 그 일을 감당하는 데 필요한 힘과 대처 방안이 나에게 주어지지 않던가?"

당신이 순간에서 순간으로 충실하게 순간을 살아가는 공중의 새들과 들꽃들이 지닌 능력을 습득할 때 비로소 모든 불안감들이 사라질 것입니다. 지금 이 순간은, 아무리 고통스럽다 해도, 결코 견딜 수 없는 무엇이 아니에요. 견디기 힘든 것은, 앞으로 다섯 시간 또는 닷새 안에 무슨 일이 일어날 것인지에 대한 당신의 생각입니다. 그때 당신은 끊임없이 이렇게 말하겠지요. "이건 무서운 일이다, 견딜 수 없는 일이야. 이 일이 얼마나 더 계속될까?"

새들과 들꽃들이 사람보다 복된 까닭은 그들에게 내일이라는 개념이 없고, 머릿속에 복잡한 단어들이 없으며, 다른 친구들이 자기를 어떻게 볼 것인가에 대하여 아무 염려가 없어서입니다. 그들이 하느님 나라의 완벽한 형상을 지니고 있는 까닭이 여기에 있어요.

그런즉, 내일 일을 걱정하지 마십시오. 내일 일은 내일이 알아서 할 것입니다. 날마다 그날 하루의 수고로 충분합니다. 무엇보다 먼저 하느님 나라에 당신 마음을 두십시오. 그러면 나머지 모든 일들이 다 잘될 것입니다.

잃음과 얻음

자기 목숨을 얻으려는 사람은 잃을 것이며 나를 위하여 자기 목숨을 잃는 사람은 얻을 것이다. -마태오복음 10, 39

    죽음을 두려워하는 사람은 삶을 두려워하는 사람이요, 죽음을 피해 달아나는 것은 삶을 피해 달아나는 것이라고 말하면 당신 귀에 이상하게 들릴까요?

    빛도 없고 통풍도 잘 되지 않는 작은 동굴이나 지붕 밑 다락에 사는 사람이 있다고 합시다. 그가 지금 계단 아래로 내려가다가 굴러서 목이 부러진 사람들 이야기를 듣고는 아래로 내려가는 것을 겁내고 있습니다. 길에서 차에 치어 죽은 수많은 사람들 이야기를 듣고는 길을 건너려고 하지도 않는 거예요. 길 하나를 건너지 못하는 그가 어떻게 바다 또는 대륙을 건널 것이며 한 세계에서 다른 세계로 건너갈 수 있겠습니까? 이 사람은 지금 죽음을 피해보려고 좁은 다락에 매달리고 있는데 그러느라고 자기도 모르게 삶을 피하고 있는 것입니다.

 무엇이 죽음입니까? 상실, 사라짐, 버려둠, 안녕이라고 말하는 것이지요. 무엇에 집착할 때 당신은 버려두기를 거절하고 안녕이라고 말하기를 거절하고 죽기를 거절하는 겁니다. 그리고 미처 그런 줄 모르겠지만, 그때 당신은 삶 또한 거절하고 있는 거예요.

 왜냐하면, 삶은 끊임없이 움직이는데 당신은 굳어져 있고, 삶은 흐르는데 당신은 멈추어 있고, 삶은 부드럽고 자유로운데 당신은 딱딱하게 얼어붙어 있으니까요. 삶은 모든 것을 떠나보내는데 당신은 언제까지나 한 자리에 머물러 있으려고 합니다.

 이렇게 당신이 삶을 겁내고 죽음을 겁내는 것은 당신의 집착 때문이에요. 아무것도 잡아두려고 하지 않을 때, 더 이상 무엇을 잃을까봐 겁내지 않을 때, 그때 당신은 언제나 신선하게 반짝이며 흐르는 저 산골짜기 개울처럼 자유로울 것입니다.

언제고 가족이나 친구를 잃을 것이라는 사실을 견딜 수 없어하는 사람들이 있어요. 그래서 아예 그런 생각조차 하지 않으려고 하지요. 또 어떤 사람들은 자기가 좋아하여 따르는 이념이나 신조가 도전받거나 소멸되는 것을 두려워합니다. 그들은 이것 또는 저 사람, 이 장소 또는 저 물건 없이는 살 수 없다고 확신하지요.

당신이 어느 정도로 굳어져 있는지, 어느 정도로 죽음에 가까운지 재어보는 방법을 알고 싶습니까? 평소에 사랑하고 아끼던 생각이나 사람이나 사물을 잃었을 때 당신이 얼마나 아파하는지 살펴보십시오. 그 아픔과 슬픔의 정도가 당신이 그것에 얼마나 집착하고 있는지를 그대로 보여줍니다. 안 그래요? 어째서 당신은 사랑하던 사람의 죽음이나 친구를 잃은 것에 대하여 그토록 슬퍼하는 겁니까? 존재하는 모든 것이 변하고 지나가고 죽고 사라진다는 사실을 한 번도 진지하게 생각해보지 않았군요. 그래서 죽음과 상실과 이별이 당신을 그토록 아프고 슬프게 만드는 겁니다. 사물들이 변하지 않고 언제나 같은 모양으로 남아 있으리라는 착각을 품고서 당신의 좁은 다락에 살기를 선택한 거지요. 엄연한 생명의 법칙이 당신의 착각을 산산이 부술 때 그토록 아프고 괴로운 까닭이 바로 여기 있습니다.

제대로 살기 위해서 당신은 현실을 직시하고 무엇을 잃을 것에 대한 두려움을 흩어버리고 새로움과 변화와 불확실성을 겁 없이 받아들일 수 있어야 합니다. 잘 알고 있는 것을 잃는 데 대한 두려움을 씻어버리고, 새로움과 변화와 불확실성을 겁 없이 받아들일 수 있어야 해요. 그때 당신은 익숙해져 있는 것을 잃을까봐 두려워하지 않고 익숙하지 않은 것, 아직 모르는 무엇을 기다리다가 그것들이 닥치면 환영하게 될 것입니다. 당신이 추구하는 게 과연 사는 것처럼 사는 참된 삶이라면 이렇게 해보십시오. 아프긴 하겠지만, 당신이 해낼 수만 있으면 아무 데도 구애받지 않는 놀라운 자유를 선물로 받게 될 거예요.

그것을 잃으면 크게 슬퍼할 만한 사람이나 사물이 있는지 스스로 물어보십시오. 당신도 어쩌면 부모, 친구, 사랑하는 사람이 죽거나 떠나가는 것을 생각조차 하지 않으려는 많은 사람들 가운데 하나겠지요? 그런데, 정말 그렇다면, 그러는 정도만큼, 당신은 죽어 있는 거예요. 이제 당신이 해야 할 일은 지금 사랑하고 있는 사물이나 사람의 죽음과 상실, 그것들과의 이별을 피하지 않고 직시하는 것입니다.

당신이 그토록 아끼고 사랑하는 사람이나 사물을 떠올리고, 그들이 죽거나 그들을 잃거나 그들과 영원히 헤어지는 장면을 상상하면서 마음으로 그들에게 안녕이라고 말해보십시오. 그들 하나하나에게 그동안 고마웠다고, 잘 있으라고 말하는 겁니다.

당신은 아픔과 함께 집착이 사라지는 것을 느끼게 될 것입니다. 아울러, 뭔가 다른 것이, 홀로aloneness가, 홀로 있기solitude가, 당신의 의식 안에서 생겨나 저 가없는 하늘처럼 커지고 또 커질 거예요. 그 '홀로' 안에 자유가 있습니다. 그 '홀로 있기'에 생명이 있어요. 바로 이 아무것도 붙잡지 않는 무착無着, non-clinging이 당신으로 하여금 온갖 염려와 긴장과 불안으로부터, (무엇을 언제까지나 붙잡고 있으려는 욕망에 수반되는) 죽음과 상실에 대한 두려움으로부터 해방되어, 당신이 살면서 순간순간 경험하는 모든 것을 달콤하게 즐길 수 있도록 도와줄 것입니다.

몸의 등불

몸의 등불은 눈이다. 네 눈이 성하면 온몸이 밝을 것이며 네 눈이 병들었으면 온몸이 어두울 것이다. -루가복음 11, 34

사람들이 선의와 관용을 좀더 키우기만 하면 세계가 구원받을 것이라고 우리는 생각합니다. 아닙니다. 잘못된 생각이에요. 세계를 구원할 것은 사람의 선의나 관용이 아니라 맑은 생각clear thinking입니다. 당신이 옳고 당신한테 동의하지 않는 사람은 모두 글렀다고 확신하면서 남에게 너그러운들 그게 무슨 소용입니까? 그건 겸손한 척하는 태도는 될지언정 관용은 아니에요. 그렇게 자기를 추켜세우면서 남을 끌어내리는 행위로는 통일이 아니라 분열을 초래

할 따름입니다. 당신에게는 우월감만 품게 하고 다른 사람에게는 앙심만 안겨주는 그런 마음 자세라면 관용은커녕 오히려 더욱 편협한 세계를 키울 따름이지요.

진실truth에 연관된 이상 모든 사람이, 예외 없이, 오직 무지할 뿐임을 날카롭게 깨치는 데서만 참된 관용은 생겨납니다. 진실은 본디 신비이기 때문입니다. 마음mind이 그것을 느낄 수는 있지만 파악하지는 못해요. 어떤 틀에 넣어 정형화하는formulate 일은 더욱 못합니다. 인간의 신조들이 그것을 가리킬 수는 있지만 몇 마디 말에 담을 수는 없어요. 그런데도 사람들은, 나쁘게 진행되면 자기의 옳음을 상대방에게 설득시키려 하는 위장된 시도에 불과하고 잘 돼봤자 자기 우물이 세상의 유일한 우물인 줄 아는 개구리가 되는 것을 막아줄 정도인 '대화'의 가치를 열렬하게 옹호하지요.

서로 다른 우물에 사는 개구리들이 저마다 자신의 확신과 경험에 관하여 대화를 나누고자 모인다면 거기서 무슨 일이 벌어질까요? 자기 우물 말고 다른 우물들도 있음을 인정할 정도로 생각의 지평이 넓어지기는 하겠지요. 하지만 우물의 벽에 가두어질 수 없는 진실의 바다가 있다는 사실은 여전히 짐작도 못할 것입니다. 그러면서 우리의 가련한 개구리들은 서로 편을 갈라 내 말이니 네 말이니, 내 경험이니 네 경험이니, 내 생각이니 네 생각이니 하면서 '대화'를 계속하는 겁니다. 틀들formulas을 서로 교환해봤자 그것으로는 어느 쪽도 풍요롭게 해주지 못합니다. 오직 가없는 바다만이 모든 것을 하나로 되게 하지요. 그러나 어떤 형식에도 제한되지 않는 이 진실의 바다에 도달하려면 맑은 생각을 선물로 받아야 해요.

맑은 생각이란 무엇이고, 사람이 어떻게 거기에 이를 수 있을까요? 당신이 먼저 알아야 할 것은 거기에 이르기 위해서 뭘 많이 배워야 하는 게 아니라는 사실입니다. 그것은 열 살배기 아이도 미칠 수 있을 만큼 가깝고 단순합니다. 필요한 일은 뭘 새로 배우는 것learning이 아니라 배운 바를 버리는 것unlearning이고, 재능이 아니라 용기예요. 못생긴 유모 품에 안긴 젖먹이를 생각하면 무슨 말인지 이해가 될 것입니다. 그 아이는 너무 어려서 어른들이 지니고 있는 선입견이라는 게 아직 없어요. 그러므로 유모 품에 안겨 있을 때 그녀 머리에 붙어있는 찌지를 보고 반응하는 것이 아닙니다. 백인 여자, 흑인 여자, 못생긴 여자, 예쁜 여자, 늙은

이, 젊은이, 어머니, 하녀, 유모 따위 찌지들이 아니라 그냥 지금 자기 앞에 있는 그대로의 상대에게 반응할 따름이에요. 여자는 사랑을 받아야 하는 한 아이를 지금 품에 안았고, 그게 아이가 대면하고 있는 실체입니다. 여자의 이름, 모습, 종교, 인종, 민족 따위를 상대하고 있는 게 아니에요. 그런 것들은 전적으로 아무 상관이 없어요. 젖먹이는 아직 신념도 없고 선입견도 없습니다. 이것이 그 안에서 맑은 생각이 태어나는 환경이에요. 누구든지 이 경지에 이르려면 그동안 배운 것들을 모두 놓아버리고, 현실을 있는 그대로 보지 못하게 하는 과거의 온갖 경험과 습관들로부터 결백한 젖먹이 마음을 얻어야 합니다.

사람이나 상황에 당신이 어떻게 반응하는지 들여다보십시오. 당신의 반응들 뒤에서 작용하고 있는 여러 선입견과 편견들이 보일 것입니다. 지금 당신이 반응하고 있는 대상은 거의 대부분, 있는 그대로의 사람이나 사물이 아니에요. 당신이 지닌 원칙, 이념, 경제적·정치적·종교적·심리적 신념체계, 긍정적이든 부정적이든, 미리 정해진 생각과 편견들에 의하여 일그러진 대상에 반응하고 있는 겁니다. 그 모든 사람과 사물과 상황들을 한 번에 하나씩, 당신의 편견들이 어떻게 지금 당신 앞에 있는 상대를 일그러뜨리고 있는지를 살펴보는 계기로 삼아보세요. 이 연습으로, 성경의 어느 구절에 못지않을 만큼 신성한 계시를 얻게 될 것입니다.

맑은 생각을 가로막는 적敵은 편견과 신념만이 아니에요. 욕망과 두려움이라는 한 쌍의 적이 또 있습니다. 욕망과 두려움과 자기-이익 추구라는 감정emotion에 오염되지 않는 생각을 얻기 위하여 어떤 이들은 엄청난 고행을 선택하기도 하거니와, 사람들은 대개 생각이 머리head에서 이루어지는 줄로 잘못 알고 있지요. 먼저 가슴heart이 결론을 내리고 그 결론을 옹호하기 위한 조치를 취하라고 머리가 명령을 내리는 것입니다. 그런즉 여기 또 다른 신성한 계시의 근원이 있습니다. 당신이 내린 결론들을 조사하여, 그것들이 당신의 자기-이익 추구에 의하여 어떻게 오염되어 있는지를 보십시오. 당신이 잠정적으로 내린 결론이 아닌 이상, 당신이 내린 모든 결론에는 당신의 이해관계에 따른 견해가 섞여 있게 마련입니다. 예를 들어, 어떤 특정 인물들에 대한 당신의 결론이 얼마나 견고하고 단호한지를 성찰해보세요. 과연 당신의 그 판단들에 당신의 감정이 전혀 들어 있지 않습니까? 그렇다고 생각된다면, 아마도 정직하게 자신을 들여다보지 않았기 때문일 거예요.

 민족이나 개인들 사이에 분열과 분쟁이 일어나는 가장 큰 이유가 바로 이것입니다. 당신의 이해관계가 내 것과 일치되지 않고 그래서 당신의 생각과 결론이 내 것과 맞지 않는 거예요. 자기 이익에 반대되는 쪽으로 생각하고 결론 내리는 사람을 얼마나 알고 있습니까? 당신 자신은 그렇게 생각하고 결론 내린 적이 몇 번이나 있지요? 가슴을 어지럽히는 욕망 및 두려움과 당신 머리의 생각 사이를 든든한 벽으로 가로막는 일에 몇 번이나 성공했습니까? 그렇게 하려고 시도할 때마다 당신은, 맑은 생각을 위해서 필요한 것은 지능intelligence이 아니라 두려움과 욕망에 성공적으로 대처할 수 있는 용기라는 사실을 깨닫게 될 것입니다. 당신이 무엇인가를 욕망하거나 두려워하는 바로 그 순간 당신 가슴이, 의식적으로든 무의식적으로든, 당신 생각을 간섭할 테니까 말입니다

 이것이 이른바 정신적 거인들한테서 발견되는 삶의 모습이요 자세올시다. 그들은 진실을 위해서 생각을 할 때마다, 교리적 틀이 아니라, 자기-이익에 대한 관심과 습관화된 편견이나 선입견을 여읜 가슴, 꼭 지켜야 할 것도 없고 반

드시 이루어야 할 야망도 없고 그래서 족쇄에 매이지 않은 자유롭고 겁 없는 마음으로 진실을 찾아 유랑하게 하는 가슴, 언제든지 새로운 증거들을 받아들이고 그로써 자기 견해를 바꿀 준비가 되어 있는 가슴이 필요함을 깨달은 이들이지요. 바로 그 가슴이 인류를 덮고 있는 어둠을 밝히는 등불이 되는 겁니다. 세상 사람들 모두가 그런 가슴으로 산다면 더 이상 아무도 자기를 공산주의자, 자본주의자, 기독교인, 무슬림, 불교신자라는 이름에 가두지 않겠지요. 사람들의 생각, 개념, 신조들이 자기네 무지를 드러내 보여주는 어둠으로 가득 찬 등잔이라는 사실을, 티 없이 맑은 생각이 보여줄 것입니다. 나아가, 그 깨달음을 통해서 사람들을 갈라놓는 장벽들이 무너지면 바야흐로 모든 것을 하나인 진실로 하나 되게 하는 큰 바다에 잠겨들겠지요.

준비하고 있어라

> 사람의 아들도 너희가 생각지 않은 때에 올 것이다. 그러니 너희는 늘 준비하고 있어라. -마태오복음 24, 44

사람이라면 언젠가는 그 가슴에 성결함, 영성, 하느님을 향한 갈망이 일어나게 마련입니다. 이른바 신비주의자들은 우리가 그것을 발견하기만 하면 우리 삶을 의미 있고 아름답고 풍요롭게 해줄 신성한 무엇이 있다고 말하지요. 사람들은 아무튼 뭔가 있는 것 같다는 막연한 생각으로 책도 읽고 구루를 찾아가기도 하면서, 그 미묘한 무엇을 얻기 위해 백방으로 노력합니다. 그래서 영성 수련의 온갖 방법, 기술, 형식들을 동원하여 애써보다가 몇 년 헛수고를 한 뒤에는 낙심하고 어리둥절하여 뭐가 잘못되었는지 의아해하는 겁니다. 대부분은 자기 자신을 탓하지요. 좀더 규칙적으로 기술을 연마했더라면, 좀더 열심히 수련에 임했더라면, 좀더 너그러웠더라면 성공했을 텐데, 하면서 말이에요. 그런데요, 도대체 무엇에 성공을 한다는 걸까요? 사실 그들은 자기네가 추구하는 성결함이 어떤 것인지에 대하여 정확하게 아는 바가 없습니다. 그러면서 자기들 인생이 여전히 뒤죽박죽이고 여전히 근심 걱정에 싸여 있고 불안하고 두렵고 마음속에 앙심이 일어나고 누군가를 용서 못하겠고 사람들한테 시달리고 무언가를 움켜잡으려 하고 다른 사람을 자기 맘대로 조종하고 끝없는 욕심에 휘둘리고 있음은 너무나 분명하게 알고 있지요. 그래서 다시 한 번 심기일전하여 목표를 달성하기 위해서 필요하다고 여겨지는 모든 노력에 박차를 가하는 겁니다.

그들은 걸음을 멈추고, 다음의 간단한 사실simple facts을 생각해보려 하지 않습니다. 그들의 노력efforts은 그들을 아무 데로도 데려가지 않습니다. 그들의 노력은, 불로 불을 끄려 하는 것처럼, 사정을 더 나쁘게 만들 따름입니다. 노력은 사람을 성숙으로 이끌지 않습니다. 그것이 어떤 형태의 노력이든, 의지력이든, 습관이든, 기술이든 아니면 영성 수련이든, 아무튼 사람의 노력은 사람을 변화시키지 않습니다. 기껏해야 사람을 억제하거나 뿌리 깊은 질병을 덮어줄 따름이지요.

노력으로 사람의 행동behavior은 바꿀 수 있겠지만 그러나 사람person을 바꾸지는 못합니다. "성결함을 얻기 위해서 내가 무엇을 해야 합니까?"라고 묻는 것은 "이 물건 값이 얼마요?"라고 묻는 것과 다를 게 없지요. 내가 무슨 희생의 대가를 치러야 합니까? 내가 어떤 수련을 닦아야 하는 건가요? 그것을 얻기 위해서 무슨 명상법을 배워야 합니까? 한 여인의 사랑을 얻기 위하여 몸매를 다듬고 근육을 키우고 행동거지를 바꾸고 여자 매혹시키는 기술을 익히고 있는 남자를 생각해보십시오.

당신은 연마한 기술이 아니라 당신의 인품으로 누군가의 사랑을 얻을 수 있는 겁니다. 그리고 그 인품이란 노력이나 기술로 습득되는 게 아니에요. 영성이니 성결함이니 하는 것도 그렇습니다. 당신이 노력을 기울여서 획득할 수 있는 물건이 아니란 말입니다. 그것은 사람이 살 수 있는 상품이나 쟁취할 수 있는 상패가 아니에요. 문제는 당신이 어떤 사람이냐, 당신이 어떤 사람으로 되느냐what are you, what you become, 그게 문젭니다.

성결함은 성취가 아니라 깨어 있음awareness이라고 불리는 은총이에요. 그냥 보기, 관찰하기, 이해하기라는 별명으로 불리는 은총입니다. 당신이 깨어 있음의 스위치를 올려 불을 밝히고 당신 자신과 당신 주변의 모든 것을 있는 그대로 보기만 한다면, 거울에 비친 자기 모습을 보듯이, 보태지도 말고 덜지도 말고, 밝게 정확하게 예리하게 깨어 있음의 거울에 비친 당신 자신을 보기만 한다면, 그 어떤 판단이나 비난도 없이 당신과 세상을 바라본다면, 당신 안에서 일어나는 온갖 놀라운 변화들을 경험하게 될 것입니다. 당신은 그 변화들을 통제하거나 유도할 의지도 없거니와, 그것들이 언제 어떻게 이루어질 것인지를 결정할 능력도 없습니다. 그냥 판단 없이 깨어서 바라보는 거예요. 바로 이 '판단 없는 깨어 있음'만이, 제 때에 제 방식으로, 사람을 치유하고 변화시키고 성숙하게 합니다.

특별히 당신은 무엇에 깨어 있어야 할까요? 당신의 반응과 인간관계relationships입니다. 사람을 만날 때, 자연 앞에 설 때, 어떤 상황에 부닥칠 때 당신은 긍정적이든 부정적이든 반응을 보이게 마련입니다. 그 반응들을 잘 살펴보되, 그것들이 어떤 모양을 하고 있는지, 어디서 왔는지, 쉽게 판단하거나 정죄하지 말고, 그것들을 바꾸려고 노력하지도 말고, 연구해보십시오. 그것이, 사람이 성결해지기 위하여 필요한 모든 것입니다.

그런데, 그렇게 깨어 있는 것 또한 하나의 노력 아니냐고요? 아닙니다. 한 번이라도 깨어 있음을 맛보면 그게 노력이 아닌 줄을 알 것입니다. 깨어 있음은 즐거움이에요. 세상의 놀라움 속으로 뛰어드는 어린아이가 맛보는 것과 같은 하나의 즐거움delight입니다. 깨어 있음으로 당신 안에 있는 불쾌한 것들이 드러날 때조차 그것은 결국 당신에게 해방과 기쁨을 가져다주지요. 그때 비로소 당신은, 깨어 있지 못한 삶은 살 가치가 없을 뿐더러, 어둠과 고통으로 가득 찬 삶이라는 사실을 알게 될 것입니다.

깨어 있기를 연습할 때 처음에는 잘 되지 않고 자꾸 게을러지는 수가 있는데, 자신을 강제하지 마십시오. 그것 또한 하나의 노력이니까요. 그냥 판단이나 비난 없이 당신의 나태함을 깨어서 바라보세요. 그러다 보면, 사랑하는 사람이 연인에게로 달려가거나 배고픈 사람이 음식을 장만하거나 등산가가 산 정상으로 올라가는 것과 같은 노력이 깨어 있음에 함축되어 있다는 사실을 알게 될 것입니다. 힘도 들고 수고스럽기도 하지만 그럴수록 재미있고 기쁜 거예요! 의무감 때문에 하기 싫은 일을 억지로 하는 그런 노력이 아니란 말입니다. 달리 말하면, 깨어 있음은 노력하지 않고 절로 되는 행위effortless activity입니다.

깨어 있음이 과연 당신을 그토록 원하는 성결함으로 데려갈까요? 그렇기도 하고 아니기도 합니다. 사실을 말하자면 당신은 결코 모를 거예요. 참으로 성결한 사람은, 자기가 성결하다는 사실을 전혀 의식하지 않기 때문입니다. 참으로 성결해진 당신은 성결함이 당신 안에 있음을 전혀 알지 못합니다. 나아가, 당신은 성결함에 대하여 관심조차 지니지 않습니다. 깨어 있음을 통하여 순간에서 순간으로 행복하게 사느라고, 성결해지고 싶다는 마음이 생겨날 틈이 없을 테니까요. 그냥 깨어 있어서 만사를 지켜보는 것으로 당신은 충분합니다. 바로 그 경지에서 당신의 눈은 구세주the Savior를 보게 될 것입니다. 그뿐이에요. 다른 아무것도 아니고 그뿐입니다. 더 이상 사랑도, 예속도, 아름다움도, 힘도, 거룩함도 그 무엇도 문제가 되지 않습니다.